ÉCRITS POLITIQUES

Paru dans Le Livre de Poche :

Les Confessions (2 vol.)

Discours sur l'origine et les fondements de l'inégalité parmi les hommes

Discours sur les sciences et les arts

Du contrat social

Lettres à Malesherbes

Lettres philosophiques

La Nouvelle Héloïse

Rêveries du promeneur solitaire

JEAN-JACQUES ROUSSEAU

Écrits politiques

ÉDITION MISE À JOUR DE GÉRARD MAIRET

LE LIVRE DE POCHE
Classiques de la philosophie

Gérard Mairet est professeur de philosophie politique à l'université Paris-VIII. Il a notamment publié *Les Grandes Œuvres politiques. Introduction à la théorie politique* (Le Livre de Poche, « Références »), *La Fable du monde. Enquête philosophique sur la liberté de notre temps* (Gallimard, « NRF-essais »), une traduction inédite intégrale du *Léviathan* de Hobbes (Gallimard, « Folio ») et *Nature et souveraineté* (Presses de Sciences-Po).

Couverture : Studio LGF.

© Librairie Générale Française, 1992, pour la présente édition.
ISBN : 978-2-253-05593-8

INTRODUCTION

L'invention du *moi politique*

À Venise, Rousseau devait découvrir « que tout tenait radicalement à la politique[1] ». Cette découverte, qui concernait apparemment les peuples seulement – ces multitudes dangereuses qui ont besoin du frein des lois et du génie d'un législateur pour vivre moralement –, cette découverte, donc, mit Rousseau sur le chemin du salut de Jean-Jacques. Puisque tout tient radicalement à la politique, alors le *moi* lui-même n'y échappe pas. Les solitudes heureuses et frugales des origines ne sont que des souvenirs au cœur de l'homme. Maintenant que le progrès des sciences, des arts et des lettres a fait *régresser* l'homme du bien naturel au mal social, il n'y a plus qu'à trouver les moyens de le rendre heureux malgré lui pour ainsi dire, et de le contraindre légitimement à être libre. Il s'agit ici bien entendu de l'homme en général, ou plutôt de l'individu appartenant à un genre spécifique (le genre *humain*); or, et cela est tout à fait remarquable, cet individu parmi le peuple, *c'est Jean-Jacques lui-même*. Quand Rousseau parle de l'individu et de son rapport au peuple, quand il parle

---

1. *Confessions*, Œuvres complètes, Gallimard, « Bibliothèque de la Pléiade », I, p. 84.

de la conscience, du moi, et de ce qui lie la conscience et le moi à la volonté générale, c'est de lui-même qu'il parle. Il se met en scène, sur la scène politique. Tout tient à la politique – jusqu'au moi le plus intime.

Cette implication de l'homme Jean-Jacques dans le philosophe Rousseau est ce qui permet à ce dernier de penser la politique. Le cas est certainement unique dans l'histoire de la philosophie politique. Il y a une confusion organisée, consciente, concertée (une *confusion claire* en somme) que Rousseau cultive avec application et tendresse, entre sa sensibilité propre, intime, et le concept glacé de la raison déductive. La raison est pour Rousseau un simple instrument (il y en a peut-être d'autres, mais lui ne connaît que celui-là) lui permettant de se déduire lui-même *a priori* – lui, Jean-Jacques – comme partie de la communauté du genre humain[1]. La raison est seulement le moyen de mener l'examen de ses passions, c'est pourquoi jamais il ne s'en sépare. Car retrouver l'homme sous le citoyen, c'est-à-dire retrouver Jean-Jacques sous Rousseau, ne peut se faire que par la raison, par le discours. Il y a le *pathos* auquel – pour des causes qui sont entièrement politiques – on n'accède qu'au moyen du *logos*.

On comprend que dans ces conditions, la politique soit seconde. Le moi est premier. Mais, et c'est bien là que réside l'essence du problème politique, on n'y accède, à ce moi, que par la politique, autrement dit par l'État. La politique n'est que le moyen d'atteindre le moi satisfait. Or, le moi n'est pas abstrait pour Rousseau, ce n'est pas un sujet épistémologique, un sujet *théorique*. Non. Le moi dont il s'agit est bien concret, bien charnel, il est un corps, et ce corps c'est celui de

---

[1]. Le livre de cette *déduction* est le *Contrat social ou Principes du droit politique*, *cf.* notre commentaire, I, II.

Jean-Jacques. Le moi, ce n'est pas une catégorie du discours, c'est une conscience aimante et jalouse, inquiète et désirante, souffrante aussi, parfois triste et parfois joyeuse – cherchant à vivre librement.

Rousseau a voulu dans sa politique trouver le moyen pour un individu quelconque de parvenir à la satisfaction, dans le monde tel qu'il est[1] ; pour ce faire il ne songeait pas à un quelconque individu – car cet individu qu'il chérit et dont le salut *civique* est le seul souci du philosophe, cet individu, c'est lui. En ce sens *la politique* – aussi bien la chose que les livres qui en traitent – est un pis-aller. On n'y échappe pas, on est tombé dedans, comme on tombe dans un puits, la question devenant alors de sortir de là. C'est un pis-aller parce qu'il y aurait mieux à faire si le devenir n'avait pas dépravé le genre humain, donc si les choses n'étaient pas ce qu'elles sont[2]. Si l'on pouvait ne pas entrer en politique et demeurer dans l'état de pure nature ou même, s'il était possible de revenir à la nature, alors on ne s'occuperait pas de penser la politique et certainement pas d'en faire. Mais Rousseau sait que le paradis est perdu[3]. On s'occupe donc de politique, Rousseau comme les autres, parce qu'il n'y a rien d'autre à faire : la politique est la clef du *moi satisfait*.

Mais ce n'est pas dire que Rousseau accepte cela de gaieté de cœur ; non, il est comme tout le monde, contraint de l'accepter : nul ne peut se dispenser de politique, ce serait comme vouloir se dispenser d'oxygène. La politique est une condition qui nous est faite, c'est

---

1. Ce serait un contresens de voir dans le *Contrat social* l'énoncé d'un monde tel qu'il devrait être : Rousseau y décrit l'État tel qu'il est selon son concept.   2. Le *Discours sur l'inégalité* est l'histoire d'une dépravation.   3. Il fait le récit de cette perte qui est une chute dans les deux premiers *Discours*.

notre condition d'hommes, ce n'est pas nous qui décidons librement d'être ou de ne pas être citoyens. Le moi ne respire bien que dans la communauté, la conscience ne juge bien que soumise à la loi et la raison elle-même ne pense bien que dirigée par la volonté générale.

Pour Rousseau, la politique est bien une sorte de pis-aller, parce qu'elle n'est qu'un moyen. Elle n'est que l'instrument, l'outil d'une fin qui la dépasse considérablement – cette fin, c'est l'individu et cet individu c'est Jean-Jacques en personne. Jean-Jacques est le commencement et la fin de l'activité théorique de Rousseau. Entre les deux, il y a la politique, il y a l'État et le gouvernement, il y a les lois et la force. Pour passer de l'inquiétude et du souci que Jean-Jacques cause à Rousseau, au moi libre, Rousseau invente une république dans laquelle Jean-Jacques sera satisfait. La *quête du moi satisfait* est exactement identifiable, terme à terme, à la *quête du citoyen libre*. Il n'est pas de meilleur commentaire du *Contrat social* que les *Confessions* pour la raison que dépouillé de son habit de citoyen, le moi risque fort de disparaître. Or, seul le moi a valeur humaine. La citoyenneté est un rôle, c'est le rôle que doit jouer le moi pour faire son salut. À vrai dire, Rousseau n'écrit qu'un livre, ce livre c'est les *Confessions*. Le *Contrat* est un détour obligé, une introduction aux *Confessions*.

Tel est le problème que pose toute édition commentée des *Écrits politiques* de Rousseau : *stricto sensu*, les textes politiques de Rousseau dissimulent une part de leur intelligibilité. Si le genre humain est un problème pour le philosophe, c'est que ce problème se manifeste en la personne de Rousseau lui-même qui est, à lui tout seul, l'humanité. Rousseau résout le problème politique en tentant de résoudre les difficultés de son propre moi : si la politique est un problème parmi les hommes, c'est que l'homme Rousseau est problématique. Il y a chez Rousseau une passion du genre humain qui est le moule dans lequel il coule la passion qu'il nourrit de lui-même. Aussi la politique – l'État – n'est-elle que le détour lui permettant de revenir à soi.

Par la politique, Rousseau espère transfigurer le moi : de solitaire à l'état de nature, l'individu devient particulier à l'état civil. Passer de la solitude à la singularité, ou mieux à la particularité, c'est lier l'individuel à l'universel. Toute la politique de Rousseau est commandée – c'est là son absolue nouveauté qui n'échappera pas à Kant et à l'idéalisme allemand – par l'effort pour établir le lien entre le particulier et l'universel. L'élément de cette liaison – au sens propre du *lien* social – est la volonté générale, et la loi ne fait que déclarer publiquement l'existence de ce lien. Dans la loi et par elle l'individu participe de l'universel, la singularité de la conscience s'élève à la généralité de la pensée. Ainsi Rousseau découvre-t-il que le lien social – ciment et fondement de toute communauté du genre humain – n'est pas comme le pensent ses prédécesseurs celui qui lie des individus entre eux (c'est-à-dire des particularités) mais celui qui lie l'individuel à l'universel. C'est pourquoi la quête de Rousseau lui-même en tant qu'individu singulier, aimant, désirant et souffrant, est réfléchie par lui comme la quête de tous les *moi* possibles. Son moi singulier est exemplaire parce qu'il est universalisable. Rousseau ramène-t-il le monde entier à sa propre personne ? Oui et non. Oui, car c'est bien ce qu'il fait : Jean-Jacques s'observe et a toujours et partout le souci de soi ; non, parce que le soi est le support de l'universel.

Dès lors, il est intéressant, voire nécessaire, de comprendre comment Rousseau s'y prend pour établir ce lien si abstrait (et pourtant si empiriquement contraignant dans ses effets sensibles au moment où la loi s'applique à vous par son fameux « Tu dois ! »), comment, donc, Rousseau s'engage dans cette découverte du lien social. Il s'agit en fait de la découverte du *moi politique.*

Il faut distinguer ici entre la recherche du principe et l'exposé de ce principe dans le livre. Le principe est exposé – dans toute son ampleur – dans le *Contrat social.* C'est l'exposé de la raison : une déduction *a priori*; c'est ainsi, en tout cas, que nous avons cru pouvoir le comprendre dans le commentaire que nous en proposons.

Mais le plus important n'est peut-être pas l'exposé du système ; n'est-ce pas plutôt la découverte, la recherche de ce que le système expose ? Or, comment Rousseau en vient-il à poser le problème, comment, précisément, Rousseau prend-il conscience qu'*un problème se pose*? À ce niveau, il ne s'agit pas encore de raison ; il s'agit de sentiment – et même de ressentiment. Ce n'est pas, alors, le bien commun, la loi morale, la transcendance de la volonté générale – autant d'abstractions sèches –, c'est le « cœur » comme il dit souvent. Et il ne s'agit pas non plus du « cœur » en général, il s'agit de Jean-Jacques Rousseau. Rousseau est mis sur la voie de l'existence d'un problème politique par l'expérience de son moi douloureux. L'individu dont il s'agit n'est jamais chez Rousseau une catégorie de l'entendement ; il ne s'agit pas plus d'un individu quelconque que le sage entreprend de lier à l'universalité de la loi, il s'agit toujours de l'individu Jean-Jacques. Comprenons que, lorsque le « citoyen » dont se soucie la philosophie théorique est malheureux, autrement dit mal gouverné (c'est-à-dire quand les lois sont mal faites), l'homme Rousseau le sait car il fait personnellement l'expérience de la souffrance, dans son cœur et dans son âme : il n'a plus d'amis, il est incompris de ceux-là mêmes qu'il voulait honorer. Il se retrouve seul : « Me voici donc seul sur la terre, n'ayant plus de frère, de prochain, d'ami, de société que moi-même. Le plus sociable et le plus aimant des humains en a été proscrit par un accord unanime[1]. » Le lien social entre l'individu et la communauté est rompu quand Jean-Jacques Rousseau est triste dans son cœur d'homme ! Le moi souffrant est l'indice d'un corps politique malade, « mal gouverné ». Du moi souffrant au moi satisfait il y a la distance de l'universel – la *possibilité* de la loi, peut-être la loi elle-même.

C'est ce que Rousseau a découvert en se mettant dans les *Confessions* à la recherche d'un moi perdu, le moi originaire, le moi heureux de l'état de nature. Toute élaboration théorique du corps politique est donc suspendue à l'expérience préalable d'une archéologie du moi. La politique, en ce sens, est ce qui apparaît du moi quand il surgit dans la cité, parmi les hommes. Il importe donc à Rousseau de remonter du moi au moi afin de parvenir du moi aux hommes. Du coup, rétablir le lien entre lui-même et les hommes, c'est établir le lien entre le citoyen et l'État. Entre la partie et le tout : l'individuel et l'universel.

L'exposé rationnel de la politique – déduction *a priori* des concepts – fait ainsi suite à une découverte sentimentale et sensible de la souffrance politique du moi. Souffrance politique car le moi était heureux et satisfait à l'état de nature. La dépravation vient du corps social : la société est cause du mal. C'est pourquoi le *moi* – son

---

1. Les *Rêveries du promeneur solitaire*, début. Observons d'ailleurs que Rousseau dit qu'il y a eu « accord unanime » – autrement dit un véritable contrat social qui aurait eu pour objet de l'exclure, lui, le penseur du contrat !

malheur – est au début de toute politique et à son terme aussi. Entre les deux, il y a la théorie, la raison froide et lisse, démonstrative ; il y a aussi la rhétorique[1].

On trouverait cent exemples, et pour cause, de la liaison qu'établit spontanément Rousseau entre son moi souffrant et la souffrance du genre humain. Prenons au hasard ses relations avec Voltaire, ne serait-ce que parce que ce dernier, qui savait être grand, savait mieux que personne être petit : « Je ne vous aime point, Monsieur ; vous m'avez fait les maux qui pouvaient m'être les plus sensibles, à moi votre disciple et votre enthousiaste. Vous avez perdu Genève pour le prix de l'asile que vous y avez reçu. Vous avez aliéné de moi mes concitoyens pour le prix des applaudissements que je vous ai prodigués parmi eux : c'est vous qui me ferez *mourir en terre étrangère*, privé de toutes les consolations des mourants, et jeté pour tout honneur dans une voirie[2]. » Rousseau se plaint, il se répand en jérémiades, il se justifie, comme à l'accoutumée ; mais il y a autre chose qui se révèle dans le ton, dans la manière, dans le style, bref, dans la rhétorique : Rousseau sait dire sa peine intime et sa peur suprême (« vous […] me ferez mourir en terre étrangère ») avec la simplicité de ton d'un sénateur romain (« Je ne vous aime point, Monsieur »). Le problème de Rousseau dépasse Rousseau et intéresse le genre humain. Voltaire fait semblant de ne pas s'en rendre compte. À vrai dire, et c'est cela qui agace Voltaire, quand Rousseau écrit, il ne s'adresse

---

1. Les commentaires et notes que nous proposons dans cette édition des *Écrits politiques* privilégient volontairement le seul aspect théorique. Ce qui n'est qu'un point de vue unilatéral et partial pour comprendre la politique de Rousseau. Un travail de plus grande ampleur devrait compléter ce point de vue qui n'est du reste, lui-même, que simplement esquissé ici. 2. Lettre à Voltaire du 17 juin 1760. (C'est moi qui souligne, G. M.)

pas à lui ; il se parle à lui-même en quelque sorte ou plutôt, il s'entretient avec lui-même de l'éternelle et grave question du moi politique. Voltaire est prétexte à épanchement. Certes, les reproches sont sincères et définitifs et Rousseau ne peut les formuler radicalement que parce qu'il est sans importance véritable à ses yeux qu'ils s'adressent à tel ou tel. L'amour de la patrie, thème constant chez Rousseau[1], dépasse en valeur politique et en poids sentimental les petitesses (justifiables ou non) du seigneur de Ferney. Le *vous me ferez mourir en terre étrangère* a dû ébranler l'exilé de Ferney dans son for intérieur car Rousseau ici ne se justifie pas seulement, il politise son ressentiment et, du coup, le transfigure. Au fond, Rousseau accuse Voltaire de lui faire manquer son rendez-vous avec l'universel.

La politique de Rousseau est fondée sur le lien intime, que, parmi les modernes, il est le premier à découvrir, qu'il y a entre le moi satisfait et le moi politique. Lien *nécessaire* qui s'impose avec une évidence absolue ; dès lors que la solitude naturelle et bienheureuse est oubliée, il ne reste que l'immédiate singularité de l'individu ne disposant plus que de sa seule force pour subsister. L'idée d'un pacte social est donc celle du passage du moi bienheureux de la nature au moi satisfait de la société. Rousseau a parcouru pour lui-même le chemin d'un moi à l'autre. Il entend, dans ses écrits politiques, enseigner ce parcours – ses moyens et ses buts – au genre humain. C'est ainsi que la politique, qui supposait pour être comprise dans son essence une archéologie du moi, suppose une pédagogie du citoyen. Il faut exercer les hommes depuis l'enfance à vaincre leur *moi humain*, trop humain a-t-on dit plus tard dans un autre contexte,

---

1. *Cf.* la « Lettre VI » des *Lettres écrites de la montagne*, que nous donnons en Annexe III au *Contrat social, infra*, p. 423.

pas si éloigné pourtant. « Si par exemple, écrit Rousseau, on les exerce assez tôt à ne jamais regarder leur individu que par ses relations avec le corps de l'État, et à n'apercevoir, pour ainsi dire, leur propre existence que comme une partie de la sienne, ils pourront parvenir enfin à s'identifier en quelque sorte avec ce plus grand tout, à se sentir membre de la patrie, à l'aimer de ce sentiment exquis que tout homme isolé n'a que pour soi-même, à élever perpétuellement leur âme à ce grand objet, et à transformer ainsi en une vertu sublime, cette disposition dangereuse d'où naissent tous nos vices[1]. » C'est cette mutation de l'*amour de soi* de l'homme solitaire en *amour de la patrie* de l'homme civique que Rousseau expose dans ses écrits politiques. Le contrat social, qui permet ce passage, cette transfiguration, est donc un événement qui se produit réellement. Mais il ne se produit pas dans l'histoire humaine – pour la bonne raison qu'il la fonde ; il se produit, au contraire, dans le moi. *La politique est l'aventure du moi.*

C'est là ce qu'a tenté de nous faire croire Rousseau.

Il ne nie pas, d'ailleurs, que cette tentative soit périlleuse. Pourtant, il faut bien le dire, elle nous séduit depuis deux siècles (et peut-être nous abuse) tant elle semble paradoxale. Il reste que son souci ne peut pas ne pas être le nôtre : Rousseau a le souci de Jean-Jacques. Il s'agit de rendre possible la *satisfaction*. C'est un débat qui, sans doute, doit désormais se tenir de savoir si la solution que Rousseau propose au problème qu'il énonce est encore la nôtre aujourd'hui ; c'est celle de la « souveraineté ». Et si ce n'est pas le lieu ici-même de

---

[1]. *Discours sur l'économie politique, cf. infra*, p. 182.

débattre de cette solution, ces *Écrits politiques* permettront cependant de la connaître.

Quoi qu'il en soit, il faut avoir à l'esprit comment Rousseau formulait la *question* : « En effet, que la volonté générale soit dans chaque individu un acte pur de l'entendement qui raisonne dans le silence des passions sur ce que l'homme peut exiger de son semblable, et sur ce que son semblable est en droit d'exiger de lui, nul n'en disconviendra. Mais où est l'homme qui puisse ainsi se séparer de lui-même ? et, si le soin de sa propre conservation est le premier précepte de la nature, peut-on le forcer de regarder ainsi l'espèce en général pour s'imposer, à lui, des devoirs dont il ne voit point la liaison avec sa constitution particulière ? Les objections précédentes ne subsistent-elles pas toujours ? et ne reste-t-il pas encore à voir comment son intérêt personnel exige qu'il se soumette à la volonté générale[1] ? »

Gérard MAIRET.

Note sur les textes

Pour le *Contrat social*, nous avons suivi l'édition classique Halbwachs (Aubier). Pour le *Projet de constitution pour la Corse* ainsi que pour les *Considérations sur le gouvernement de Pologne*, nous avons suivi l'édition de Barbara de Negroni (GF-Flammarion). Pour les autres textes nous avons suivi l'édition de Jean Roussel

---

1. Première version du *Contrat social*, chap. II : *De la société générale du genre humain*, cf. *infra*, p. 401.

(Bordas), à l'exception de la *Sixième lettre écrite de la montagne* que nous avons reprise de la Pléiade. Orthographe et ponctuation ont été modernisées. (*Cf. infra*, Bibliographie.)

Les notes de l'auteur sont appelées par des astérisques et figurent en bas de page. Les notes de l'éditeur sont groupées à la fin de ce volume.

DISCOURS SUR LES SCIENCES ET LES ARTS

AVERTISSEMENT

Qu'est-ce que la célébrité[1]? Voici le malheureux ouvrage à qui je dois la mienne. Il est certain que cette pièce qui m'a valu un prix et qui m'a fait un nom est tout au plus médiocre et j'ose ajouter qu'elle est une des moindres de tout ce recueil. Quel gouffre de misères n'eût point évité l'auteur, si ce premier livre n'eût été reçu que comme il méritait de l'être? Mais il fallait qu'une faveur d'abord injuste m'attirât par degrés une rigueur qui l'est encore plus.

PRÉFACE

Voici une des grandes et des plus belles questions qui aient jamais été agitées. Il ne s'agit point dans ce discours de ces subtilités métaphysiques qui ont gagné toutes les parties de la littérature, et dont les programmes d'académies ne sont pas toujours exempts; mais il s'agit d'une de ces vérités qui tiennent au bonheur du genre humain.

Je prévois qu'on me pardonnera difficilement le parti que j'ai osé prendre. Heurtant de front tout ce qui fait aujourd'hui l'admiration des hommes, je ne puis m'attendre qu'à un blâme universel; et ce n'est pas pour avoir été honoré de l'approbation de quelques sages, que je dois compter sur celle du public : aussi mon parti est-il pris; je ne me soucie de plaire ni aux beaux esprits, ni aux gens à la mode. Il y aura dans tous les temps des hommes faits pour être subjugués par les opinions de leur siècle, de leur pays, de leur société : tel fait aujourd'hui l'esprit fort et le philosophe, qui, par la même raison, n'eût été qu'un fanatique du temps de la Ligue. Il ne faut point écrire pour de tels lecteurs, quand on veut vivre au-delà de son siècle.

Un mot encore, et je finis. Comptant peu sur l'honneur que j'ai reçu, j'avais, depuis l'envoi, refondu et augmenté ce Discours, au point d'en faire, en quelque manière, un autre ouvrage; aujourd'hui, je me suis cru obligé de le rétablir dans l'état où il a été couronné. J'y ai seulement jeté quelques notes et laissé deux additions faciles à reconnaître, et que l'académie n'aurait peut-être pas approuvées. J'ai pensé que l'équité, le respect et la reconnaissance exigeaient de moi cet avertissement.

DISCOURS

Le rétablissement des sciences et des arts a-t-il contribué à épurer ou à corrompre les mœurs ? Voilà ce qu'il s'agit d'examiner. Quel parti dois-je prendre dans cette question ? Celui, messieurs, qui convient à un honnête homme qui ne sait rien, et qui ne s'en estime pas moins.

Il sera difficile, je le sens, d'approprier ce que j'ai à dire au tribunal où je comparais. Comment oser blâmer les sciences devant une des plus savantes compagnies de l'Europe, louer l'ignorance dans une célèbre académie, et concilier le mépris pour l'étude avec le respect pour les vrais savants ? J'ai vu ces contrariétés ; et elles ne m'ont point rebuté. Ce n'est point la science que je maltraite, me suis-je dit ; c'est la vertu que je défends devant des hommes vertueux. La probité est encore plus chère aux gens de bien que l'érudition aux doctes. Qu'ai-je donc à redouter ? Les lumières de l'assemblée qui m'écoute ? Je l'avoue ; mais c'est pour la constitution du discours, et non pour le sentiment de l'orateur. Les souverains équitables n'ont jamais balancé à se condamner eux-mêmes dans des discussions douteuses ; et la position la plus avantageuse au bon droit est d'avoir à se défendre contre une partie intègre et éclairée, juge en sa propre cause.

À ce motif qui m'encourage, il s'en joint un autre qui me détermine : c'est qu'après avoir soutenu, selon ma lumière naturelle, le parti de la vérité, quel que soit mon succès, il est un prix qui ne peut me manquer : je le trouverai dans le fond de mon cœur.

Première partie

C'est un grand et beau spectacle de voir l'homme sortir en quelque manière du néant par ses propres efforts; dissiper, par les lumières de sa raison les ténèbres dans lesquelles la nature l'avait enveloppé; s'élever au-dessus de lui-même; s'élancer par l'esprit jusque dans les régions célestes; parcourir à pas de géant, ainsi que le soleil, la vaste étendue de l'univers; et, ce qui est encore plus grand et plus difficile, rentrer en soi pour y étudier l'homme et connaître sa nature, ses devoirs et sa fin. Toutes ces merveilles se sont renouvelées depuis peu de générations.

L'Europe était retombée dans la barbarie des premiers âges. Les peuples de cette partie du monde aujourd'hui si éclairée vivaient, il y a quelques siècles, dans un état pire que l'ignorance. Je ne sais quel jargon scientifique, encore plus méprisable que l'ignorance, avait usurpé le nom du savoir, et opposait à son retour un obstacle presque invincible. Il fallait une révolution pour ramener les hommes au sens commun; elle vint enfin du côté d'où on l'aurait le moins attendue. Ce fut le stupide musulman, ce fut l'éternel fléau des lettres qui les fit renaître parmi nous. La chute du trône de Constantin porta dans l'Italie les débris de l'ancienne Grèce. La France s'enrichit à son tour de ces précieuses dépouilles. Bientôt les sciences suivirent les lettres; à l'art d'écrire se joignit l'art de penser; gradation qui paraît étrange et qui n'est peut-être que trop naturelle; et l'on commença à sentir le principal avantage du commerce des Muses, celui de rendre les hommes plus sociables en leur inspirant le désir de se plaire les uns aux autres par des ouvrages dignes de leur approbation mutuelle.

L'esprit a ses besoins, ainsi que le corps. Ceux-ci sont les fondements de la société, les autres en sont l'agrément. Tandis que le gouvernement et les lois pourvoient à la sûreté et au bien-être des hommes assemblés, les sciences, les lettres et les arts, moins despotiques et plus puissants peut-être, étendent des guirlandes de fleurs sur les chaînes de fer dont ils sont chargés, étouffent en eux le sentiment de cette liberté originelle pour laquelle ils semblaient être nés, leur font aimer leur esclavage et en forment ce qu'on appelle des peuples policés. Le besoin éleva les trônes; les sciences et les arts les ont affermis. Puissances de la terre, aimez les talents, et protégez ceux qui les cultivent*. Peuples policés, cultivez-les: heureux esclaves, vous leur devez ce goût délicat et fin dont vous vous piquez; cette douceur de caractère et cette urbanité de mœurs qui rendent parmi vous le commerce si liant et si facile; en un mot, les apparences de toutes les vertus sans en avoir aucune.

---

* Les princes voient toujours avec plaisir le goût des arts agréables et des superfluités dont l'exportation de l'argent ne résulte pas s'étendre parmi leurs sujets. Car outre qu'ils les nourrissent ainsi dans cette petitesse d'âme si propre à la servitude, ils savent très bien que tous les besoins que le peuple se donne sont autant de chaînes dont il se charge. Alexandre, voulant maintenir les Ichtyophages dans sa dépendance, les contraignit de renoncer à la pêche et de se nourrir des aliments communs aux autres peuples; et les sauvages de l'Amérique, qui vont tout nus et qui ne vivent que du produit de leur chasse, n'ont jamais pu être domptés. En effet, quel joug imposerait-on à des hommes qui n'ont besoin de rien?

C'est par cette sorte de politesse, d'autant plus aimable qu'elle affecte moins de se montrer, que se distinguèrent autrefois Athènes et Rome dans les jours si vantés de leur magnificence et de leur éclat : c'est par elle, sans doute, que notre siècle et notre nation l'emporteront sur tous les temps et sur tous les peuples. Un ton philosophe sans pédanterie, des manières naturelles et pourtant prévenantes, également éloignées de la rusticité tudesque et de la pantomime ultramontaine : voilà les fruits du goût acquis par de bonnes études et perfectionné dans le commerce du monde.

Qu'il serait doux de vivre parmi nous, si la contenance extérieure était toujours l'image des dispositions du cœur ; si la décence était la vertu ; si nos maximes nous servaient de règles ; si la véritable philosophie était inséparable du titre de philosophe ! Mais tant de qualités vont trop rarement ensemble, et la vertu ne marche guère en si grande pompe. La richesse de la parure peut annoncer un homme opulent, et son élégance un homme de goût ; l'homme sain et robuste se reconnaît à d'autres marques : c'est sous l'habit rustique d'un laboureur, et non sous la dorure d'un courtisan, qu'on trouvera la force et la vigueur du corps. La parure n'est pas moins étrangère à la vertu qui est la force et la vigueur de l'âme. L'homme de bien est un athlète qui se plaît à combattre nu : il méprise tous ces vils ornements qui gêneraient l'usage de ses forces, et dont la plupart n'ont été inventés que pour cacher quelque difformité.

Avant que l'art eût façonné nos manières et appris à nos passions à parler un langage apprêté, nos mœurs étaient rustiques, mais naturelles ; et la différence des procédés annonçait au premier coup d'œil celle des caractères. La nature humaine, au fond, n'était pas meilleure ; mais les hommes trouvaient leur sécurité dans la facilité de se pénétrer réciproquement, et cet avantage, dont nous ne sentons plus le prix, leur épargnait bien des vices.

Aujourd'hui que des recherches plus subtiles et un goût plus fin ont réduit l'art de plaire en principes, il règne dans nos mœurs une vile et trompeuse uniformité, et tous les esprits semblent avoir été jetés dans un même moule : sans cesse la politesse exige, la bienséance ordonne : sans cesse on suit des usages, jamais son propre génie. On n'ose plus paraître ce qu'on est ; et dans cette contrainte perpétuelle, les hommes qui forment ce troupeau qu'on appelle société, placés dans les mêmes circonstances, feront tous les mêmes choses si des motifs plus puissants ne les en détournent. On ne saura donc jamais bien à qui l'on a affaire : il faudra donc, pour connaître son ami, attendre les grandes occasions, c'est-à-dire attendre qu'il n'en soit plus temps, puisque c'est pour ces occasions mêmes qu'il eût été essentiel de le connaître.

Quel cortège de vices n'accompagnera point cette incertitude ? Plus d'amitiés sincères ; plus d'estime réelle ; plus de confiance fondée. Les soupçons, les ombrages, les craintes, la froideur, la réserve, la haine, la trahison se cacheront sans cesse sous ce voile uniforme et perfide de politesse, sous cette urbanité si vantée que nous devons aux lumières de notre siècle. On ne profanera plus par des jurements le nom du maître de l'univers, mais on l'insultera par des blasphèmes, sans que nos oreilles scrupuleuses en soient offensées. On ne vantera pas son propre mérite, mais on rabaissera celui d'autrui. On n'outragera point grossièrement son ennemi, mais on le calomniera avec adresse. Les haines nationales s'éteindront, mais ce sera avec l'amour de la patrie. À l'ignorance méprisée, on substituera un dangereux pyrrhonisme. Il y aura des excès proscrits, des vices déshonorés, mais d'autres seront décorés du nom de vertus ; il faudra ou les avoir ou les affecter. Vantera qui voudra la sobriété des sages du temps, je n'y vois, pour moi, qu'un raffinement d'intempérance autant indigne de mon éloge que leur artificieuse simplicité*.

Telle est la pureté que nos mœurs ont acquise. C'est ainsi que nous sommes devenus gens de bien. C'est aux lettres, aux sciences et aux arts à revendiquer ce qui leur appartient dans un si salutaire ouvrage. J'ajouterai seulement une réflexion ; c'est qu'un habitant de quelque contrée éloignée qui chercherait à se former une idée des mœurs européennes sur l'état des sciences parmi nous, sur la perfection de nos arts, sur la bienséance de nos spectacles, sur la politesse de nos manières, sur l'affabilité de nos discours, sur nos démonstrations perpétuelles de bienveillance, et sur ce concours tumultueux d'hommes de tout âge et de tout état qui semblent empressés depuis le lever de l'aurore jusqu'au coucher du soleil à s'obliger réciproquement ; c'est que cet étranger, dis-je, devinerait exactement de nos mœurs le contraire de ce qu'elles sont[3].

Où il n'y a nul effet, il n'y a point de cause à chercher : mais ici l'effet est certain, la dépravation réelle, et nos âmes se sont corrompues à mesure que nos sciences et nos arts se sont avancés à la perfection. Dira-t-on que c'est un malheur particulier à notre âge ? Non, Messieurs ; les maux causés par notre vaine curiosité sont aussi vieux que le monde. L'élévation et l'abaissement journalier des eaux de l'océan n'ont pas été plus régulièrement assujettis au cours de l'astre qui nous éclaire

---

* *J'aime*, dit Montaigne, *à contester et discourir, mais c'est avec peu d'hommes et pour moi. Car de servir de spectacle aux grands et faire à l'envi parade de son esprit et de son caquet, je trouve que c'est un métier très messéant à un homme d'honneur.* C'est celui de tous nos beaux esprits, hors un[2].

durant la nuit que le sort des mœurs et de la probité au progrès des sciences et des arts. On a vu la vertu s'enfuir à mesure que leur lumière s'élevait sur notre horizon, et le même phénomène s'est observé dans tous les temps et dans tous les lieux.

Voyez l'Égypte, cette première école de l'univers, ce climat si fertile sous un ciel d'airain, cette contrée célèbre, d'où Sésostris partit autrefois pour conquérir le monde. Elle devient la mère de la philosophie et des beaux-arts, et bientôt après, la conquête de Cambyse, puis celle des Grecs, des Romains, des Arabes, et enfin des Turcs.

Voyez la Grèce, jadis peuplée de héros qui vainquirent deux fois l'Asie, l'une devant Troie et l'autre dans leurs propres foyers. Les lettres naissantes n'avaient point porté encore la corruption dans les cœurs de ses habitants ; mais le progrès des arts, la dissolution des mœurs et le joug du Macédonien se suivirent de près ; et la Grèce, toujours savante, toujours voluptueuse, et toujours esclave, n'éprouva plus dans ses révolutions que des changements de maîtres. Toute l'éloquence de Démosthène ne put jamais ranimer un corps que le luxe et les arts avaient énervé.

C'est au temps des Ennius et des Térence que Rome, fondée par un pâtre, et illustrée par des laboureurs, commence à dégénérer. Mais après les Ovide, les Catulle, les Martial, et cette foule d'auteurs obscènes, dont les noms seuls alarment la pudeur, Rome, jadis le temple de la vertu, devient le théâtre du crime, l'opprobre des nations et le jouet des barbares. Cette capitale du monde tombe enfin sous le joug qu'elle avait imposé à tant de peuples, et le jour de sa chute fut la veille de celui où l'on donna à l'un de ces citoyens le titre d'arbitre du bon goût.

Que dirai-je de cette métropole de l'Empire d'Orient, qui par sa position semblait devoir l'être du monde entier, de cet asile des sciences et des arts proscrits du reste de l'Europe, plus peut-être par sagesse que par barbarie. Tout ce que la débauche et la corruption ont de plus honteux ; les trahisons, les assassinats et les poisons de plus noir ; le concours de tous les crimes de plus atroce ; voilà ce qui forme le tissu de l'histoire de Constantinople ; voilà la source pure d'où nous sont émanées les lumières dont notre siècle se glorifie.

Mais pourquoi chercher dans des temps reculés des preuves d'une vérité dont nous avons sous nos yeux des témoignages subsistants. Il est en Asie une contrée immense où les lettres honorées conduisent aux premières dignités de l'État. Si les sciences épuraient les mœurs, si elles apprenaient aux hommes à verser leur sang pour la patrie, si elles animaient le courage, les peuples de la Chine devraient être sages, libres et invincibles. Mais s'il n'y a point de vice qui ne les domine, point de crime qui ne leur soit familier ; si les lumières des ministres, ni la prétendue sagesse des lois, ni la multitude des habitants de ce vaste empire n'ont pu le garantir du joug du Tartare ignorant et grossier, de quoi lui ont servi tous ses savants ? Quel fruit a-t-il retiré des honneurs dont ils sont comblés ? Serait-ce d'être peuplé d'esclaves et de méchants ?

Opposons à ces tableaux celui des mœurs du petit nombre des peuples qui, préservés de cette contagion des vaines connaissances ont par leurs vertus fait leur propre bonheur et l'exemple des autres nations. Tels furent les premiers Perses, nation singulière chez laquelle on apprenait la vertu comme chez nous on apprend la science ; qui subjugua l'Asie avec tant de facilité, et qui seule a eu cette gloire que l'histoire de ses institutions ait passé pour un roman de philosophie. Tels furent les Scythes, dont on nous a laissé de si magnifiques éloges. Tels les Germains, dont une plume, lasse de tracer les crimes et les noirceurs d'un peuple instruit, opulent et voluptueux, se soulageait à peindre la simplicité, l'innocence et les vertus. Telle avait été Rome même dans les temps de sa pauvreté et de son ignorance. Telle enfin s'est montrée jusqu'à nos jours cette nation rustique si vantée pour son courage que l'adversité n'a pu abattre, et pour sa fidélité que l'exemple n'a pu corrompre*.

Ce n'est point par stupidité que ceux-ci ont préféré d'autres exercices à ceux de l'esprit. Ils n'ignoraient pas que dans d'autres contrées des hommes oisifs passaient leur vie à disputer sur le souverain bien, sur le vice et sur la vertu, et que d'orgueilleux raisonneurs, se donnant à eux-mêmes les plus grands éloges, confondaient les autres peuples sous le nom méprisant de barbares ; mais ils ont considéré leurs mœurs et appris à dédaigner leur doctrine**.

Oublierais-je que ce fut dans le sein même de la Grèce qu'on vit s'élever cette cité aussi célèbre par son heureuse ignorance que par la sagesse de ses lois,

---

* Je n'ose parler de ces nations heureuses qui ne connaissent pas même de nom les vices que nous avons tant de peine à réprimer, de ces sauvages de l'Amérique dont Montaigne ne balance point à préférer la simple et naturelle police, non seulement aux lois de Platon, mais même à tout ce que la philosophie pourra jamais imaginer de plus parfait pour le gouvernement des peuples. Il en cite quantité d'exemples frappants pour qui les saurait admirer. Mais quoi ! dit-il, ils ne portent point de chausses !   ** De bonne foi, qu'on me dise quelle opinion les Athéniens mêmes devaient avoir de l'éloquence, quand ils l'écartèrent avec tant de soin de ce tribunal intègre des jugements duquel les dieux mêmes n'appelaient pas ? Que pensaient les Romains de la médecine, quand ils la bannirent de leur république ? Et quand un reste d'humanité porta les Espagnols à interdire à leurs gens de loi l'entrée de l'Amérique, quelle idée fallait-il qu'ils eussent de la jurisprudence ? Ne dirait-on pas qu'ils ont cru réparer par ce seul acte tous les maux qu'ils avaient faits à ces malheureux Indiens ?

cette république de demi-dieux plutôt que d'hommes ? tant leurs vertus semblaient supérieures à l'humanité. Ô Sparte ! opprobre éternel d'une vaine doctrine ! Tandis que les vices conduits par les beaux-arts s'introduisaient ensemble dans Athènes, tandis qu'un tyran y rassemblait avec tant de soin les ouvrages du prince des poètes, tu chassais de tes murs les arts et les artistes, les sciences et les savants.

L'événement marqua cette différence. Athènes devint le séjour de la politesse et du bon goût, le pays des orateurs et des philosophes. L'élégance des bâtiments y répondait à celle du langage. On y voyait de toutes parts le marbre et la toile animés par les mains des maîtres les plus habiles. C'est d'Athènes que sont sortis ces ouvrages surprenants qui serviront de modèles dans tous les âges corrompus. Le tableau de Lacédémone est moins brillant. *Là*, disaient les autres peuples, *les hommes naissent vertueux, et l'air même du pays semble inspirer la vertu.* Il ne nous reste de ses habitants que la mémoire de leurs actions héroïques. De tels monuments vaudraient-ils moins pour nous que les marbres curieux qu'Athènes nous a laissés ?

Quelques sages, il est vrai, ont résisté au torrent général et se sont garantis du vice dans le séjour des Muses. Mais qu'on écoute le jugement que le premier et le plus malheureux d'entre eux portait des savants et des artistes de son temps.

« J'ai examiné, dit-il, les poètes, et je les regarde comme des gens dont le talent en impose à eux-mêmes et aux autres, qui se donnent pour sages, qu'on prend pour tels et qui ne sont rien moins.

« Des poètes, continue Socrate, j'ai passé aux artistes. Personne n'ignorait plus les arts que moi ; personne n'était plus convaincu que les artistes possédaient de fort beaux secrets. Cependant, je me suis aperçu que leur condition n'est pas meilleure que celle des poètes et qu'ils sont, les uns et les autres, dans le même préjugé. Parce que les plus habiles d'entre eux excellent dans leur partie, ils se regardent comme les plus sages des hommes. Cette présomption a terni tout à fait leur savoir à mes yeux. De sorte que me mettant à la place de l'oracle et me demandant ce que j'aimerais le mieux être, ce que je suis ou ce qu'ils sont, savoir ce qu'ils ont appris ou savoir que je ne sais rien; j'ai répondu à moi-même et au dieu : Je veux rester ce que je suis.

« Nous ne savons, ni les sophistes, ni les poètes, ni les orateurs, ni les artistes, ni moi, ce que c'est que le vrai, le bon et le beau. Mais il y a entre nous cette différence, que, quoique ces gens ne sachent rien, tous croient savoir quelque chose. Au lieu que moi, si je ne sais rien, au moins je n'en suis pas en doute. De sorte que toute cette supériorité de sagesse qui m'est accordée par l'oracle, se réduit seulement à être bien convaincu que j'ignore ce que je ne sais pas. »

Voilà donc le plus sage des hommes au jugement des dieux, et le plus savant des Athéniens au sentiment de la Grèce entière, Socrate, faisant l'éloge de l'ignorance ! Croit-on que s'il ressuscitait parmi nous, nos savants et nos artistes lui feraient changer d'avis ? Non, messieurs, cet homme juste continuerait de mépriser nos vaines sciences ; il n'aiderait point à grossir cette foule de livres dont on nous inonde de toutes parts, et ne laisserait, comme il a fait, pour tout précepte à ses disciples et à nos neveux, que l'exemple et la mémoire de sa vertu. C'est ainsi qu'il est beau d'instruire les hommes !

Socrate avait commencé dans Athènes ; le vieux Caton continua dans Rome de se déchaîner contre ces Grecs artificieux et subtils qui séduisaient la vertu et amollissaient le courage de ses concitoyens. Mais les sciences, les arts et la dialectique prévalurent encore :

Rome se remplit de philosophes et d'orateurs ; on négligea la discipline militaire, on méprisa l'agriculture, on embrassa des sectes et l'on oublia la patrie. Aux noms sacrés de liberté, de désintéressement, d'obéissance aux lois, succédèrent les noms d'Épicure, de Zénon, d'Arcésilas. *Depuis que les savants ont commencé à paraître parmi nous*, disaient leurs propres philosophes, *les gens de bien se sont éclipsés*. Jusqu'alors les Romains s'étaient contentés de pratiquer la vertu ; tout fut perdu quand ils commencèrent à l'étudier.

Ô Fabricius[4] ! qu'eût pensé votre grande âme, si pour votre malheur rappelé à la vie, vous eussiez vu la face pompeuse de cette Rome sauvée par votre bras et que votre nom respectable avait plus illustrée que toutes ses conquêtes ? « Dieux ! eussiez-vous dit, que sont devenus ces toits de chaume et ses foyers rustiques qu'habitaient jadis la modération et la vertu ? Quelle splendeur funeste a succédé à la simplicité romaine ? Quel est ce langage étranger ? Quelles sont ces mœurs efféminées ? Que signifient ces statues, ces tableaux, ces édifices ? Insensés, qu'avez-vous fait ? Vous les maîtres des nations, vous vous êtes rendus les esclaves des hommes frivoles que vous avez vaincus ? Ce sont des rhéteurs qui vous gouvernent ? C'est pour enrichir des architectes, des peintres, des statuaires, et des histrions, que vous avez arrosé de votre sang la Grèce et l'Asie ? Les dépouilles de Carthage sont la proie d'un joueur de flûte ? Romains, hâtez-vous de renverser ces amphithéâtres ; brisez ces marbres ; brûlez ces tableaux ; chassez ces esclaves qui vous subjuguent, et dont les funestes arts vous corrompent. Que d'autres mains s'illustrent par de vains talents ; le seul talent digne de Rome est celui de conquérir le monde et d'y faire régner la vertu. Quand Cinéas prit notre Sénat pour une assemblée de rois, il ne fut ébloui ni par une pompe vaine, ni par une élégance recherchée. Il n'y entendit point cette éloquence frivole, l'étude et le charme des hommes futiles. Que vit donc Cinéas de si majestueux ? Ô citoyens ! Il vit un spectacle que ne donneront jamais vos richesses ni tous vos arts ; le plus beau spectacle qui ait jamais paru sous le ciel, l'assemblée de deux cents hommes vertueux, dignes de commander à Rome et de gouverner la terre. »

Mais franchissons la distance des lieux et des temps, et voyons ce qui s'est passé dans nos contrées et sous nos yeux ; ou plutôt, écartons des peintures odieuses qui blesseraient notre délicatesse, et épargnons-nous la peine de répéter les mêmes choses sous d'autres noms. Ce n'est point en vain que j'évoquais les mânes de Fabricius ; et qu'ai-je fait dire à ce grand homme, que je n'eusse pu mettre dans la bouche de Louis XII ou de Henri IV ? Parmi nous, il est vrai, Socrate n'eût point bu la ciguë ; mais il eût bu, dans une coupe encore plus amère, la raillerie insultante, et le mépris pire cent fois que la mort[5].

Voilà comment le luxe, la dissolution et l'esclavage ont été de tout temps le châtiment des efforts orgueilleux que nous avons faits pour sortir de l'heureuse ignorance où la sagesse éternelle nous avait placés. Le voile épais dont elle a couvert toutes ses opérations semblait nous avertir assez qu'elle ne nous a point destinés à de vaines recherches. Mais est-il quelqu'une de ses leçons dont nous ayons su profiter, ou que nous ayons négligée impunément ? Peuples, sachez donc une fois que la nature a voulu vous préserver de la science, comme une mère arrache une arme dangereuse des mains de son enfant ; que tous les secrets qu'elle vous cache sont autant de maux dont elle vous garantit, et que la peine que vous trouvez à vous instruire n'est pas le moindre de ses bienfaits. Les hommes sont pervers ; ils seraient pires encore, s'ils avaient eu le malheur de naître savants.

Que ces réflexions sont humiliantes pour l'humanité[6]! que notre orgueil en doit être mortifié! Quoi! la probité serait fille de l'ignorance? La science et la vertu seraient incompatibles? Quelles conséquences ne tirerait-on point de ces préjugés? Mais pour concilier ces contrariétés apparentes, il ne faut qu'examiner de près la vanité et le néant de ces titres orgueilleux qui nous éblouissent, et que nous donnons si gratuitement aux connaissances humaines. Considérons donc les sciences et les arts en eux-mêmes. Voyons ce qui doit résulter de leur progrès; et ne balançons plus à convenir de tous les points où nos raisonnements se trouveront d'accord avec les inductions historiques.

Seconde partie

C'était une ancienne tradition passée de l'Égypte en Grèce, qu'un dieu ennemi du repos des hommes était l'inventeur des sciences*. Quelle opinion fallait-il donc qu'eussent d'elles les Égyptiens mêmes, chez qui elles étaient nées ? C'est qu'ils voyaient de près les sources qui les avaient produites. En effet, soit qu'on feuillette les annales du monde, soit qu'on supplée à des chroniques incertaines par des recherches philosophiques, on ne trouvera pas aux connaissances humaines une origine qui réponde à l'idée qu'on aime à s'en former. L'astronomie est née de la superstition ; l'éloquence, de l'ambition, de la haine, de la flatterie, du mensonge ; la géométrie, de l'avarice ; la physique, d'une vaine curiosité ; toutes, et la morale même, de l'orgueil humain. Les sciences et les arts doivent donc leur naissance à nos vices[7] : nous serions moins en doute sur leurs avantages, s'ils la devaient à nos vertus.

Le défaut de leur origine ne nous est que trop retracé dans leurs objets. Que ferions-nous des arts, sans le luxe

---

* On voit aisément l'allégorie de la fable de Prométhée ; et il ne paraît pas que les Grecs qui l'ont cloué sur le Caucase en pensassent guère plus favorablement que les Égyptiens de leur dieu Teuthus. « Le satyre, dit une ancienne fable, voulut baiser et embrasser le feu, la première fois qu'il le vit ; mais Prometheus lui cria : Satyre, tu pleureras la barbe de ton menton, car il brûle quand on y touche. » C'est le sujet du frontispice.

qui les nourrit ? Sans les injustices des hommes, à quoi servirait la jurisprudence ? Que deviendrait l'histoire, s'il n'y avait ni tyrans, ni guerres, ni conspirateurs ? Qui voudrait en un mot passer sa vie à de stériles contemplations, si chacun ne consultant que les devoirs de l'homme et les besoins de la nature, n'avait de temps que pour la patrie, pour les malheureux et pour ses amis ? Sommes-nous donc faits pour mourir attachés sur les bords du puits où la vérité s'est retirée ? Cette seule réflexion devrait rebuter dès les premiers pas tout homme qui chercherait sérieusement à s'instruire par l'étude de la philosophie.

Que de dangers ! que de fausses routes dans l'investigation des sciences ? Par combien d'erreurs, mille fois plus dangereuses que la vérité n'est utile, ne faut-il point passer pour arriver à elle ? Le désavantage est visible ; car le faux est susceptible d'une infinité de combinaisons ; mais la vérité n'a qu'une manière d'être. Qui est-ce d'ailleurs, qui la cherche bien sincèrement[8] ? même avec la meilleure volonté, à quelles marques est-on sûr de la reconnaître ? Dans cette foule de sentiments différents, quel sera notre *criterium* pour en bien juger* ? Et ce qui est le plus difficile, si par bonheur nous la trouvons à la fin, qui de nous en saura faire un bon usage ?

Si nos sciences sont vaines dans l'objet qu'elles se proposent, elles sont encore plus dangereuses par les effets qu'elles produisent. Nées dans l'oisiveté, elles la nourrissent à leur tour ; et la perte irréparable du temps est le premier préjudice qu'elles causent nécessairement à la société. En politique, comme en morale, c'est un

---

* Moins on sait, plus on croit savoir. Les péripatéticiens doutaient-ils de rien ? Descartes n'a-t-il pas construit l'univers avec des cubes et des tourbillons ? Et y a-t-il aujourd'hui même en Europe si mince physicien qui n'explique hardiment ce profond mystère de l'électricité, qui fera peut-être à jamais le désespoir des vrais philosophes ?

grand mal que de ne point faire de bien; et tout citoyen inutile peut être regardé comme un homme pernicieux. Répondez-moi donc, philosophes illustres; vous par qui nous savons en quelles raisons les corps s'attirent dans le vide; quels sont, dans les révolutions des planètes, les rapports des aires parcourues en temps égaux; quelles courbes ont des points conjugués, des points d'inflexion et de rebroussement; comment l'homme voit tout en Dieu; comment l'âme et le corps se correspondent sans communication, ainsi que feraient deux horloges; quels astres peuvent être habités; quels insectes se reproduisent d'une manière extraordinaire? Répondez-moi, dis-je, vous de qui nous avons reçu tant de sublimes connaissances; quand vous ne nous auriez jamais rien appris de ces choses, en serions-nous moins nombreux, moins bien gouvernés, moins redoutables, moins florissants ou plus pervers? Revenez donc sur l'importance de vos productions; et si les travaux des plus éclairés de nos savants et de nos meilleurs citoyens nous procurent si peu d'utilité, dites-nous ce que nous devons penser de cette foule d'écrivains obscurs et de lettrés oisifs, qui dévorent en pure perte la substance de l'État.

Que dis-je, oisifs? et plût à Dieu qu'ils le fussent en effet! Les mœurs en seraient plus saines et la société plus paisible. Mais ces vains et futiles déclamateurs vont de tous côtés, armés de leurs funestes paradoxes; sapant les fondements de la foi, et anéantissant la vertu. Ils sourient dédaigneusement à ces vieux mots de patrie et de religion, et consacrent leurs talents et leur philosophie à détruire et avilir tout ce qu'il y a de sacré parmi les hommes. Non qu'au fond ils haïssent ni la vertu ni nos dogmes; c'est de l'opinion publique qu'ils sont ennemis; et pour les ramener aux pieds des autels, il suffirait de les reléguer parmi les athées. Ô fureur de se distinguer, que ne pouvez-vous point?

C'est un grand mal que l'abus du temps. D'autres maux pires encore suivent les lettres et les arts. Tel est le luxe, né comme eux de l'oisiveté et de la vanité des hommes. Le luxe va rarement sans les sciences et les arts, et jamais ils ne vont sans lui. Je sais que notre philosophie, toujours féconde en maximes singulières, prétend, contre l'expérience de tous les siècles, que le luxe fait la splendeur des États; mais après avoir oublié la nécessité des lois somptuaires, osera-t-elle nier encore que les bonnes mœurs ne soient essentielles à la durée des empires, et que le luxe ne soit diamétralement opposé aux bonnes mœurs? Que le luxe soit un signe certain des richesses; qu'il serve même si l'on veut à les multiplier : que faudra-t-il conclure de ce paradoxe si digne d'être né de nos jours; et que deviendra la vertu, quand il faudra s'enrichir à quelque prix que ce soit? Les anciens politiques parlaient sans cesse de mœurs et de vertu; les nôtres ne parlent que de commerce et d'argent[9]. L'un vous dira qu'un homme vaut en telle contrée la somme qu'on le vendrait à Alger; un autre en suivant ce calcul trouvera des pays où un homme ne vaut rien, et d'autres où il vaut moins que rien. Ils évaluent les hommes comme des troupeaux de bétail. Selon eux, un homme ne vaut à l'État que la consommation qu'il y fait. Ainsi un Sybarite aurait bien valu trente Lacédémoniens. Qu'on devine donc laquelle de ces deux républiques, de Sparte ou de Sybaris, fut subjuguée par une poignée de paysans, et laquelle fit trembler l'Asie.

La monarchie de Cyrus a été conquise avec trente mille hommes par un prince plus pauvre que le moindre des satrapes de Perse; et les Scythes, le plus misérable de tous les peuples, a résisté aux plus puissants monarques de l'univers. Deux fameuses républiques se disputèrent l'empire du monde; l'une était très riche, l'autre n'avait rien, et ce fut celle-ci qui détruisit l'autre. L'Empire romain à son tour, après avoir englouti toutes les richesses de l'univers, fut la proie de gens qui ne savaient pas même ce que c'était que richesse. Les Francs conquirent les Gaules, les Saxons l'Angleterre sans autres trésors que leur bravoure et leur pauvreté. Une troupe de pauvres montagnards dont toute l'avidité se bornait à quelques peaux de moutons, après avoir dompté la fierté autrichienne, écrasa cette opulente et redoutable maison de Bourgogne qui faisait trembler les potentats de l'Europe. Enfin toute la puissance et toute la sagesse de l'héritier de Charles Quint, soutenues de tous les trésors des Indes, vinrent se briser contre une poignée de pêcheurs de hareng. Que nos politiques daignent suspendre leurs calculs pour réfléchir à ces exemples, et qu'ils apprennent une fois qu'on a de tout avec de l'argent, hormis des mœurs et des citoyens.

De quoi s'agit-il donc précisément dans cette question du luxe ? De savoir lequel importe le plus aux empires d'être brillants et momentanés, ou vertueux et durables. Je dis brillants, mais de quel éclat ? Le goût du faste ne s'associe guère dans les mêmes âmes avec celui de l'honnête. Non, il n'est pas possible que des esprits dégradés par une multitude de soins futiles s'élèvent jamais à rien de grand ; et quand ils en auraient la force, le courage leur manquerait.

Tout artiste veut être applaudi. Les éloges de ses contemporains sont la partie la plus précieuse de sa récompense. Que fera-t-il donc pour les obtenir, s'il a le malheur d'être né chez un peuple et dans des temps où les savants devenus à la mode ont mis une jeunesse frivole en état de donner le ton ; où les hommes ont sacrifié leur goût aux tyrans de leur liberté* ; où l'un des sexes

---

* Je suis bien éloigné de penser que cet ascendant des femmes soit un mal en soi. C'est un présent que leur a fait la nature pour

n'osant approuver que ce qui est proportionné à la pusillanimité de l'autre, on laisse tomber des chefs-d'œuvre de poésie dramatique, et des prodiges d'harmonie sont rebutés ? Ce qu'il fera, Messieurs ? Il rabaissera son génie au niveau de son siècle, et aimera mieux composer des ouvrages communs qu'on admire pendant sa vie que des merveilles qu'on n'admirerait que longtemps après sa mort. Dites-nous, célèbre Arouet, combien vous avez sacrifié de beautés mâles et fortes à notre fausse délicatesse, et combien l'esprit de la galanterie si fertile en petites choses vous en a coûté de grandes.

C'est ainsi que la dissolution des mœurs, suite nécessaire du luxe, entraîne à son tour la corruption du goût. Que si par hasard entre les hommes extraordinaires par leurs talents, il s'en trouve quelqu'un qui ait de la fermeté dans l'âme et qui refuse de se prêter au génie de son siècle et de s'avilir par des productions puériles, malheur à lui ! Il mourra dans l'indigence et dans l'oubli. Que n'est-ce ici un pronostic que je fais et non une expérience que je rapporte ! Carle, Pierre, le moment est venu où ce pinceau destiné à augmenter la majesté de nos temples par des images sublimes et saintes, tombera de vos mains, ou sera prostitué à orner de peintures lascives les panneaux d'un vis-à-vis. Et toi, rival des Praxitèle et des Phidias ; toi dont les anciens

---

le bonheur du genre humain : mieux dirigé, il pourrait produire autant de bien qu'il fait de mal aujourd'hui. On ne sent point assez quels avantages naîtraient dans la société d'une meilleure éducation donnée à cette moitié du genre humain qui gouverne l'autre. Les hommes feront toujours ce qu'il plaira aux femmes : si vous voulez donc qu'ils deviennent grands et vertueux, apprenez aux femmes ce que c'est que grandeur d'âme et vertu. Les réflexions que ce sujet fournit, et que Platon a faites autrefois, mériteraient fort d'être mieux développées par une plume digne d'écrire d'après un tel maître et de défendre une si grande cause.

auraient employé le ciseau à leur faire des dieux capables d'excuser à nos yeux leur idolâtrie ; inimitable Pigalle, ta main se résoudra à ravaler le ventre d'un magot, ou il faudra qu'elle demeure oisive.

On ne peut réfléchir sur les mœurs, qu'on ne se plaise à se rappeler l'image de la simplicité des premiers temps. C'est un beau rivage, paré des seules mains de la nature, vers lequel on tourne incessamment les yeux, et dont on se sent éloigner à regret. Quand les hommes innocents et vertueux aimaient à avoir les dieux pour témoins de leurs actions, ils habitaient ensemble sous les mêmes cabanes ; mais bientôt devenus méchants, ils se lassèrent de ces incommodes spectateurs et les reléguèrent dans des temples magnifiques. Ils les en chassèrent enfin pour s'y établir eux-mêmes, ou du moins les temples des dieux ne se distinguèrent plus des maisons des citoyens. Ce fut alors le comble de la dépravation[10] ; et les vices ne furent jamais poussés plus loin que quand on les vit, pour ainsi dire, soutenus à l'entrée des palais des grands sur des colonnes de marbre, et gravés sur des chapiteaux corinthiens.

Tandis que les commodités de la vie se multiplient, que les arts se perfectionnent et que le luxe s'étend ; le vrai courage s'énerve, les vertus militaires s'évanouissent, et c'est encore l'ouvrage des sciences et de tous ces arts qui s'exercent dans l'ombre du cabinet. Quand les Goths ravagèrent la Grèce, toutes les bibliothèques ne furent sauvées du feu que par cette opinion semée par l'un d'entre eux, qu'il fallait laisser aux ennemis des meubles si propres à les détourner de l'exercice militaire et à les amuser à des occupations oisives et sédentaires. Charles VIII se vit maître de la Toscane et du royaume de Naples sans avoir presque tiré l'épée ; et toute sa cour attribua cette facilité inespérée à ce que les princes et la noblesse d'Italie s'amusaient plus à se rendre ingénieux et savants qu'ils ne s'exerçaient à devenir vigoureux et guerriers. En effet, dit l'homme de sens qui rapporte ces deux traits, tous les exemples nous apprennent qu'en cette martiale police et en toutes celles qui lui sont semblables, l'étude des sciences est bien plus propre à amollir et efféminer les courages qu'à les affermir et les animer.

Les Romains ont avoué que la vertu militaire s'était éteinte parmi eux à mesure qu'ils avaient commencé à se connaître en tableaux, en gravures, en vases d'orfèvrerie, et à cultiver les beaux-arts; et comme si cette contrée fameuse était destinée à servir sans cesse d'exemple aux autres peuples, l'élévation des Médicis et le rétablissement des lettres ont fait tomber derechef et peut-être pour toujours cette réputation guerrière que l'Italie semblait avoir recouvrée il y a quelques siècles.

Les anciennes républiques de la Grèce avec cette sagesse qui brillait dans la plupart de leurs institutions avaient interdit à leurs citoyens tous ces métiers tranquilles et sédentaires qui, en affaissant et corrompant le corps, énervent sitôt la vigueur de l'âme. De quel œil, en effet, pense-t-on que puissent envisager la faim, la soif, les fatigues, les dangers et la mort, des hommes que le moindre besoin accable, et que la moindre peine rebute. Avec quel courage les soldats supporteront-ils des travaux excessifs dont ils n'ont aucune habitude? Avec quelle ardeur feront-ils des marches forcées sous les officiers qui n'ont pas même la force de voyager à cheval? Qu'on ne m'objecte point la valeur renommée de tous ces modernes guerriers si savamment disciplinés. On me vante bien leur bravoure en un jour de bataille, mais on ne me dit point comment ils supportent l'excès du travail, comment ils résistent à la rigueur des saisons et aux intempéries de l'air. Il ne faut qu'un peu de soleil ou de neige, il ne faut que la privation de quelques superfluités pour fondre et détruire en peu de jours la meilleure de nos armées. Guerriers intrépides, souffrez une fois la vérité qu'il vous est si rare d'entendre ; vous êtes braves, je le sais ; vous eussiez triomphé avec Annibal à Cannes et à Trasimène ; César avec vous eût passé le Rubicon et asservi son pays ; mais ce n'est point avec vous que le premier eût traversé les Alpes, et que l'autre eût vaincu vos aïeux.

Les combats ne font pas toujours le succès de la guerre, et il est pour les généraux un art supérieur à celui de gagner des batailles. Tel court au feu avec intrépidité, qui ne laisse pas d'être un très mauvais officier : dans le soldat même, un peu plus de force et de vigueur serait peut-être plus nécessaire que tant de bravoure qui ne le garantit pas de la mort ; et qu'importe à l'État que ses troupes périssent par la fièvre et le froid, ou par le fer de l'ennemi ?

Si la culture des sciences est nuisible aux qualités guerrières, elle l'est encore plus aux qualités morales. C'est dès nos premières années qu'une éducation insensée orne notre esprit et corrompt notre jugement. Je vois de toutes parts des établissements immenses, où l'on élève à grands frais la jeunesse pour lui apprendre toutes choses, excepté ses devoirs. Vos enfants ignoreront leur propre langue, mais ils en parleront d'autres qui ne sont en usage nulle part : ils sauront composer des vers qu'à peine ils pourront comprendre : sans savoir démêler l'erreur de la vérité, ils posséderont l'art de les rendre méconnaissables aux autres par des arguments spécieux[11] : mais ces mots de magnanimité, de tempérance, d'humanité, de courage, ils ne sauront ce que c'est ; ce doux nom de patrie ne frappera jamais leur oreille ; et s'ils entendent parler de Dieu ce sera moins pour le craindre que pour en avoir peur*. J'aimerais autant, disait un sage, que mon écolier eût passé le temps dans un jeu de paume, au moins le

---

* *Pens. philosoph.*[12].

corps en serait plus dispos. Je sais qu'il faut occuper les enfants, et que l'oisiveté est pour eux le danger le plus à craindre. Que faut-il donc qu'ils apprennent ? Voilà certes une belle question ! Qu'ils apprennent ce qu'ils doivent faire étant hommes*; et non ce qu'ils doivent oublier.

---

* Telle était l'éducation des Spartiates, au rapport du plus grand de leurs rois. C'est, dit Montaigne, chose digne de très grande considération, qu'en cette excellente police de Lycurgue, et à la vérité monstrueuse par sa perfection, si soigneuse pourtant de la nourriture des enfants, comme de sa principale charge, et au gîte même des Muses, il s'y fasse si peu mention de la doctrine : comme si, cette généreuse jeunesse dédaignant tout autre joug, on ait dû lui fournir, au lieu de nos maîtres de science, seulement des maîtres de vaillance, prudence et justice.

Voyons maintenant comment le même auteur parle des anciens Perses. Platon, dit-il, raconte que le fils aîné de leur succession royale était ainsi nourri. Après sa naissance, on le donnait, non à des femmes, mais à des eunuques de la première autorité près du roi, à cause de leur vertu. Ceux-ci prenaient charge de lui rendre le corps beau et sain, et après sept ans le duisaient à monter à cheval et aller à la chasse. Quand il était arrivé au quatorzième, ils le déposaient entre les mains de quatre : le plus sage, le plus juste, le plus tempérant, le plus vaillant de la nation. Le premier lui apprenait la religion : le second à être toujours véritable, le tiers à vaincre ses cupidités, le quart à ne rien craindre. Tous, ajouterai-je, à le rendre bon, aucun à le rendre savant.

Astyage, en Xénophon, demande à Cyrus compte de sa dernière leçon : c'est, dit-il, qu'en notre école un grand garçon ayant un petit saye le donna à l'un de ses compagnons de plus petite taille, et lui ôta son saye qui était plus grand. Notre précepteur m'ayant fait juge de ce différend, je jugeai qu'il fallait laisser les choses en cet état, et que l'un et l'autre semblaient être mieux accommodés en ce point. Sur quoi, il me remontra que j'avais mal fait : car je m'étais arrêté à considérer la bienséance ; et il fallait premièrement avoir pourvu à la justice, qui voulait que nul ne fût forcé en ce qui lui appartenait. Et dit qu'il en fût puni, comme on nous punit en nos villages pour avoir oublié le premier aoriste de τύπτω. Mon régent me ferait une belle harangue, *in genere demonstrativo*, avant qu'il me persuadât que son école vaut celle-là.

Nos jardins sont ornés de statues et nos galeries de tableaux. Que penseriez-vous que représentent ces chefs-d'œuvre de l'art exposés à l'admiration publique ? Les défenseurs de la patrie ? ou ces hommes plus grands encore qui l'ont enrichie par leurs vertus ? Non. Ce sont des images de tous les égarements du cœur et de la raison, tirées soigneusement de l'ancienne mythologie, et présentées de bonne heure à la curiosité de nos enfants ; sans doute afin qu'ils aient sous leurs yeux des modèles de mauvaises actions, avant même que de savoir lire.

D'où naissent tous ces abus, si ce n'est de l'inégalité funeste introduite entre les hommes par la distinction des talents et par l'avilissement des vertus ? Voilà l'effet le plus évident de toutes nos études, et la plus dangereuse de toutes leurs conséquences. On ne demande plus d'un homme s'il a de la probité, mais s'il a des talents ; ni d'un livre s'il est utile, mais s'il est bien écrit. Les récompenses sont prodiguées au bel esprit, et la vertu reste sans honneurs. Il y a mille prix pour les beaux discours, aucun pour les belles actions. Qu'on me dise, cependant, si la gloire attachée au meilleur des discours qui seront couronnés dans cette académie est comparable au mérite d'en avoir fondé le prix ?

Le sage ne court point après la fortune ; mais il n'est pas insensible à la gloire ; et quand il la voit si mal distribuée, sa vertu, qu'un peu d'émulation aurait animée et rendue avantageuse à la société, tombe en langueur, et s'éteint dans la misère et dans l'oubli. Voilà ce qu'à la longue doit produire partout la préférence des talents agréables sur les talents utiles, et ce que l'expérience n'a que trop confirmé depuis le renouvellement des sciences et des arts. Nous avons des physiciens, des géomètres, des chimistes, des astronomes, des poètes, des musiciens, des peintres ; nous n'avons plus de citoyens ; ou s'il nous en reste encore, dispersés dans nos campagnes abandonnées, ils y périssent indigents et méprisés. Tel est l'état où sont réduits, tels sont les sentiments qu'obtiennent de nous ceux qui nous donnent du pain, et qui donnent du lait à nos enfants.

Je l'avoue, cependant ; le mal n'est pas aussi grand qu'il aurait pu le devenir. La prévoyance éternelle, en plaçant à côté de diverses plantes nuisibles des simples salutaires, et dans la substance de plusieurs animaux malfaisants le remède à leurs blessures, a enseigné aux souverains qui sont ses ministres à imiter sa sagesse. C'est à son exemple que du sein même des sciences et des arts, sources de mille dérèglements, ce grand monarque dont la gloire ne fera qu'acquérir d'âge en âge un nouvel éclat, tira ces sociétés célèbres chargées à la fois du dangereux dépôt des connaissances humaines, et du dépôt sacré des mœurs, par l'attention qu'elles ont d'en maintenir chez elles toute la pureté, et de l'exiger dans les membres qu'elles reçoivent.

Ces sages institutions affermies par son auguste successeur, et imitées par tous les rois de l'Europe, serviront du moins de frein aux gens de lettres, qui tous aspirant à l'honneur d'être admis dans les académies, veilleront sur eux-mêmes, et tâcheront de s'en rendre dignes par des ouvrages utiles et des mœurs irréprochables. Celles de ces compagnies, qui pour les prix dont elles honorent le mérite littéraire feront un choix de sujets propres à ranimer l'amour de la vertu dans les cœurs des citoyens, montreront que cet amour règne parmi elles, et donneront aux peuples ce plaisir si rare et si doux de voir des sociétés savantes se dévouer à verser sur le genre humain, non seulement des lumières agréables, mais aussi des instructions salutaires.

Qu'on ne m'oppose donc point une objection qui n'est pour moi qu'une nouvelle preuve. Tant de soins ne montrent que trop la nécessité de les prendre, et l'on ne cherche point des remèdes à des maux qui n'existent pas. Pourquoi faut-il que ceux-ci portent encore par leur insuffisance le caractère des remèdes ordinaires ? Tant d'établissements faits à l'avantage des savants n'en sont que plus capables d'en imposer sur les objets des sciences et de tourner les esprits à leur culture. Il semble, aux précautions qu'on prend, qu'on ait trop de laboureurs et qu'on craigne de manquer de philosophes. Je ne veux point hasarder ici une comparaison de l'agriculture et de la philosophie : on ne la supporterait pas. Je demanderai seulement : qu'est-ce que la philosophie ? Que contiennent les écrits des philosophes les plus connus ? Quelles sont les leçons de ces amis de la sagesse ? À les entendre, ne les prendrait-on pas pour une troupe de charlatans criant, chacun de son côté, sur une place publique : Venez à moi, c'est moi seul qui ne trompe point ? L'un prétend qu'il n'y a point de corps et que tout est en représentation. L'autre, qu'il n'y a d'autre substance que la matière ni d'autre dieu que le monde. Celui-ci avance qu'il n'y a ni vertus ni vices, et que le bien et le mal moral sont des chimères. Celui-là, que les hommes sont des loups et peuvent se dévorer en sûreté de conscience. Ô grands philosophes ! que ne réservez-vous pour vos amis et pour vos enfants ces leçons profitables ; vous en recevriez bientôt le prix, et nous ne craindrions pas de trouver dans les nôtres quelqu'un de vos sectateurs.

Voilà donc les hommes merveilleux à qui l'estime de leurs contemporains a été prodiguée pendant leur vie, et l'immortalité réservée après leur trépas ! Voilà les sages maximes que nous avons reçues d'eux et que nous transmettrons d'âge en âge à nos descendants. Le paganisme, livré à tous les égarements de la raison humaine, a-t-il laissé à la postérité rien qu'on puisse comparer aux monuments honteux que lui a préparés l'imprimerie, sous le règne de l'Évangile ? Les écrits impies des Leucippe et des Diagoras sont péris avec eux. On n'avait point encore inventé l'art d'éterniser les extravagances de l'esprit humain. Mais, grâce aux caractères-typographiques* et à l'usage que nous en faisons, les dangereuses rêveries des Hobbes et des Spinoza[13] resteront à jamais. Allez, écrits célèbres dont l'ignorance et la rusticité de nos pères n'auraient point été capables ; accompagnez chez nos descendants ces ouvrages plus dangereux encore d'où s'exhale la corruption des mœurs de notre siècle, et portez ensemble aux siècles à venir une histoire fidèle du progrès et des avantages de nos sciences et de nos arts. S'ils vous lisent, vous ne leur laisserez aucune perplexité sur la question que nous agitons aujourd'hui : et à moins qu'ils ne soient plus insensés que nous, ils lèveront leurs mains au ciel, et diront dans l'amertume de leur cœur : « Dieu tout-puissant, toi qui tiens dans tes mains les esprits, délivre-nous des lumières et des funestes arts de nos

---

* À considérer les désordres affreux que l'imprimerie a déjà causés en Europe, à juger de l'avenir par le progrès que le mal fait d'un jour à l'autre, on peut prévoir aisément que les souverains ne tarderont pas à se donner autant de soins pour bannir cet art terrible de leurs États qu'ils en ont pris pour l'y introduire. Le sultan Achmet, cédant aux importunités de quelques prétendus gens de goût, avait consenti d'établir une imprimerie à Constantinople. Mais à peine la presse fut-elle en train qu'on fut contraint de la détruire et d'en jeter les instruments dans un puits. On dit que le calife Omar, consulté sur ce qu'il fallait faire de la bibliothèque d'Alexandrie, répondit en ces termes : Si les livres de cette bibliothèque contiennent des choses opposées à l'Alcoran, ils sont mauvais et il faut les brûler. S'ils ne contiennent que la doctrine de l'Alcoran, brûlez-les encore : ils sont superflus. Nos savants ont cité ce raisonnement comme le comble de l'absurdité. Cependant, supposez Grégoire le Grand à la place d'Omar et l'Évangile à la place de l'Alcoran, la bibliothèque aurait encore été brûlée, et ce serait peut-être le plus beau trait de la vie de cet illustre pontife.

pères, et rends-nous l'ignorance, l'innocence et la pauvreté, les seuls biens qui puissent faire notre bonheur et qui soient précieux devant toi. »

Mais si le progrès des sciences et des arts n'a rien ajouté à notre véritable félicité ; s'il a corrompu nos mœurs, et si la corruption des mœurs a porté atteinte à la pureté du goût, que penserons-nous de cette foule d'auteurs élémentaires qui ont écarté du temple des Muses les difficultés qui défendaient son abord, et que la nature y avait répandues comme une épreuve des forces de ceux qui seraient tentés de savoir ? Que penserons-nous de ces compilateurs d'ouvrages qui ont indiscrètement brisé la porte des sciences et introduit dans leur sanctuaire une populace indigne d'en approcher ; tandis qu'il serait à souhaiter que tous ceux qui ne pouvaient avancer loin dans la carrière des lettres, eussent été rebutés dès l'entrée, et se fussent jetés dans les arts utiles à la société. Tel qui sera toute sa vie un mauvais versificateur, un géomètre subalterne, serait peut-être devenu un grand fabricateur d'étoffes. Il n'a point fallu de maîtres à ceux que la nature destinait à faire des disciples. Les Vérulam[14], les Descartes et les Newton, ces précepteurs du genre humain n'en ont point eu eux-mêmes, et quels guides les eussent conduits jusqu'où leur vaste génie les a portés ? Des maîtres ordinaires n'auraient pu que rétrécir leur entendement en le resserrant dans l'étroite capacité du leur. C'est par les premiers obstacles qu'ils ont appris à faire des efforts, et qu'ils se sont exercés à franchir l'espace immense qu'ils ont parcouru. S'il faut permettre à quelques hommes de se livrer à l'étude des sciences et des arts, ce n'est qu'à ceux qui se sentiront la force de marcher seuls sur leurs traces, et de les devancer. C'est à ce petit nombre qu'il appartient d'élever des monuments à la gloire de l'esprit humain. Mais si l'on veut que rien ne soit au-dessus de leur génie, il faut que rien ne soit au-dessus de leurs espérances. Voilà l'unique encouragement dont ils ont besoin. L'âme se proportionne insensiblement aux objets qui l'occupent, et ce sont les grandes occasions qui font les grands hommes. Le prince de l'éloquence fut consul de Rome[15], et le plus grand, peut-être, des philosophes, chancelier d'Angleterre[16]. Croit-on que si l'un n'eût occupé qu'une chaire dans quelque université, et que l'autre n'eût obtenu qu'une modique pension d'académie ; croit-on, dis-je, que leurs ouvrages ne se sentiraient pas de leur état ? Que les rois ne dédaignent donc pas d'admettre dans leurs conseils les gens les plus capables de les bien conseiller : qu'ils renoncent à ce vieux préjugé inventé par l'orgueil des grands, que l'art de conduire les peuples est plus difficile que celui de les éclairer : comme s'il était plus aisé d'engager les hommes à bien faire de leur bon gré que de les y contraindre par la force. Que les savants du premier ordre trouvent dans leurs cours d'honorables asiles. Qu'ils y obtiennent la seule récompense digne d'eux ; celle de contribuer par leur crédit au bonheur des peuples à qui ils auront enseigné la sagesse. C'est alors seulement qu'on verra ce que peuvent la vertu, la science et l'autorité animées d'une noble émulation et travaillant de concert à la félicité du genre humain. Mais tant que la puissance sera seule d'un côté, les lumières et la sagesse seules d'un autre, les savants penseront rarement de grandes choses, les princes en feront plus rarement de belles, et les peuples continueront d'être vils, corrompus et malheureux.

Pour nous, hommes vulgaires, à qui le Ciel n'a point départi de si grands talents et qu'il ne destine pas à tant de gloire, restons dans notre obscurité. Ne courons point après une réputation qui nous échapperait, et qui, dans l'état présent des choses ne nous rendrait jamais ce qu'elle nous aurait coûté, quand nous aurions tous les titres pour l'obtenir. À quoi bon chercher notre bonheur dans l'opinion d'autrui si nous pouvons le trouver en nous-mêmes ? Laissons à d'autres le soin d'instruire les peuples de leurs devoirs, et bornons-nous à bien remplir les nôtres, nous n'avons pas besoin d'en savoir davantage.

Ô vertu ! Science sublime des âmes simples, faut-il donc tant de peines et d'appareil pour te connaître ? Tes principes ne sont-ils pas gravés dans tous les cœurs, et ne suffit-il pas pour apprendre tes lois de rentrer en soi-même et d'écouter la voix de sa conscience dans le silence des passions ? Voilà la véritable philosophie, sachons nous en contenter ; et sans envier la gloire de ces hommes célèbres qui s'immortalisent dans la république des lettres, tâchons de mettre entre eux et nous cette distinction glorieuse qu'on remarquait jadis entre deux grands peuples ; que l'un savait bien dire, et l'autre, bien faire.

DISCOURS SUR L'ORIGINE ET LES FONDEMENTS DE L'INÉGALITÉ PARMI LES HOMMES

> *Non in depravatis sed in his quæ bene secundum naturam se habent, considerandum est quid sit naturale.*
>
> Aristote, *Pol.* I. 5[1].

À LA RÉPUBLIQUE
DE GENÈVE

Magnifiques, Très Honorés,
et Souverains Seigneurs,

   Convaincu qu'il n'appartient qu'au citoyen vertueux de rendre à sa patrie des honneurs qu'elle puisse avouer, il y a trente ans que je travaille à mériter de vous offrir un hommage public ; et cette heureuse occasion suppléant en partie à ce que mes efforts n'ont pu faire, j'ai cru qu'il me serait permis de consulter ici le zèle qui m'anime, plus que le droit qui devrait m'autoriser. Ayant eu le bonheur de naître parmi vous, comment pourrais-je méditer sur l'égalité que la nature a mise entre les hommes et sur l'inégalité qu'ils ont instituée, sans penser à la profonde sagesse avec laquelle l'une et l'autre, heureusement combinées dans cet État, concourent de la manière la plus approchante de la loi naturelle et la plus favorable à la société, au maintien de l'ordre public et au bonheur des particuliers ? En recherchant les meilleures maximes que le bon sens[2] puisse dicter sur la constitution d'un gouvernement, j'ai été si frappé de les voir toutes en exécution dans le vôtre que même sans être né dans vos murs, j'aurais cru ne pouvoir me dispenser d'offrir ce tableau de la société humaine à celui de tous les peuples qui me paraît en posséder les plus grands avantages, et en avoir le mieux prévenu les abus.

Si j'avais eu à choisir le lieu de ma naissance, j'aurais choisi une société d'une grandeur bornée par l'étendue des facultés humaines, c'est-à-dire par la possibilité d'être bien gouvernée, et où chacun suffisant à son emploi, nul n'eût été contraint de commettre à d'autres les fonctions dont il était chargé : un État où tous les particuliers se connaissant entre eux, les manœuvres obscures du vice ni la modestie de la vertu n'eussent pu se dérober aux regards et au jugement du public, et où cette douce habitude de se voir et de se connaître fît de l'amour de la patrie l'amour des citoyens plutôt que celui de la terre.

J'aurais voulu naître dans un pays où le souverain et le peuple ne pussent avoir qu'un seul et même intérêt, afin que tous les mouvements de la machine ne tendissent jamais qu'au bonheur commun ; ce qui ne pouvant se faire à moins que le peuple et le souverain ne soient une même personne, il s'ensuit que j'aurais voulu naître sous un gouvernement démocratique, sagement tempéré.

J'aurais voulu vivre et mourir libre, c'est-à-dire tellement soumis aux lois que ni moi ni personne n'en pût secouer l'honorable joug ; ce joug salutaire et doux, que les têtes les plus fières portent d'autant plus docilement qu'elles sont faites pour n'en porter aucun autre.

J'aurais donc voulu que personne dans l'État n'eût pu se dire au-dessus de la loi, et que personne au-dehors n'en pût imposer que l'État fût obligé de reconnaître. Car quelle que puisse être la constitution d'un gouvernement, s'il s'y trouve un seul homme qui ne soit pas soumis à la loi, tous les autres sont nécessairement à la discrétion de celui-là ; et s'il y a un chef national, et

Discours sur l'origine de l'inégalité 59

un autre chef étranger, quelque partage d'autorité qu'ils puissent faire, il est impossible que l'un et l'autre soient bien obéis et que l'État soit bien gouverné.

Je n'aurais point voulu habiter une république de nouvelle institution, quelques bonnes lois qu'elle pût avoir; de peur que le gouvernement autrement constitué peut-être qu'il ne faudrait pour le moment, ne convenant pas aux nouveaux citoyens, ou les citoyens au nouveau gouvernement, l'État ne fût sujet à être ébranlé et détruit presque dès sa naissance. Car il en est de la liberté comme de ces aliments solides et succulents, ou de ces vins généreux, propres à nourrir et fortifier les tempéraments robustes qui en ont l'habitude, mais qui accablent, ruinent et enivrent les faibles et délicats qui n'y sont point faits. Les peuples une fois accoutumés à des maîtres ne sont plus en état de s'en passer. S'ils tentent de secouer le joug, ils s'éloignent d'autant plus de la liberté que prenant pour elle une licence effrénée qui lui est opposée, leurs révolutions les livrent presque toujours à des séducteurs qui ne font qu'aggraver leurs chaînes. Le peuple romain lui-même, ce modèle de tous les peuples libres, ne fut point en état de se gouverner en sortant de l'oppression des Tarquins. Avili par l'esclavage et les travaux ignominieux qu'ils lui avaient imposés, ce n'était d'abord qu'une stupide populace qu'il fallut ménager et gouverner avec la plus grande sagesse, afin que s'accoutumant peu à peu à respirer l'air salutaire de la liberté, ces âmes énervées ou plutôt abruties sous la tyrannie acquissent par degrés cette sévérité de mœurs et cette fierté de courage qui en firent enfin le plus respectable de tous les peuples. J'aurais donc cherché pour ma patrie une heureuse et tranquille république dont l'ancienneté se perdît en quelque sorte dans la nuit des temps; qui n'eût éprouvé que des atteintes propres à manifester et affermir dans ses habitants le courage et l'amour de la patrie, et où les citoyens, accoutumés de longue main à une sage indépendance, fussent, non seulement libres, mais dignes de l'être.

J'aurais voulu me choisir une patrie, détournée par une heureuse impuissance du féroce amour des conquêtes, et garantie par une position encore plus heureuse de la crainte de devenir elle-même la conquête d'un autre État : une ville libre placée entre plusieurs peuples dont aucun n'eût intérêt à l'envahir, et dont chacun eût intérêt d'empêcher les autres de l'envahir eux-mêmes, une république, en un mot, qui ne tentât point l'ambition de ses voisins et qui pût raisonnablement compter sur leur secours au besoin. Il s'ensuit que dans une position si heureuse, elle n'aurait rien eu à craindre que d'elle-même, et que si ses citoyens s'étaient exercés aux armes, c'eût été plutôt pour entretenir chez eux cette ardeur guerrière et cette fierté de courage qui sied si bien à la liberté et qui en nourrit le goût que par la nécessité de pourvoir à leur propre défense.

J'aurais cherché un pays où le droit de législation fût commun à tous les citoyens ; car qui peut mieux savoir qu'eux sous quelles conditions il leur convient de vivre ensemble dans une même société ? Mais je n'aurais pas approuvé des plébiscites semblables à ceux des Romains où les chefs de l'État et les plus intéressés à sa conservation étaient exclus des délibérations dont souvent dépendait son salut, et où par une absurde inconséquence les magistrats étaient privés des droits dont jouissaient les simples citoyens.

Au contraire, j'aurais désiré que pour arrêter les projets intéressés et mal conçus, et les innovations dangereuses qui perdirent enfin les Athéniens, chacun n'eût pas le pouvoir de proposer de nouvelles lois à sa fantaisie ; que ce droit appartînt aux seuls magistrats ; qu'ils en usassent même avec tant de circonspection, que le peuple de son côté fût si réservé à donner son consentement à ces lois, et que la promulgation ne pût s'en faire qu'avec tant de solennité, qu'avant que la constitution fût ébranlée on eût le temps de se convaincre que c'est surtout la grande antiquité des lois qui les rend saintes et vénérables, que le peuple méprise bientôt celles qu'il voit changer tous les jours, et qu'en s'accoutumant à négliger les anciens usages sous prétexte de faire mieux, on introduit souvent de grands maux pour en corriger de moindres.

J'aurais fui surtout, comme nécessairement mal gouvernée, une république où le peuple, croyant pouvoir se passer de ses magistrats ou ne leur laisser qu'une autorité précaire, aurait imprudemment gardé l'administration des affaires civiles et l'exécution de ses propres lois ; telle dut être la grossière constitution des premiers gouvernements sortant immédiatement de l'état de nature, et tel fut encore un des vices qui perdirent la république d'Athènes.

Mais j'aurais choisi celle où les particuliers se contentant de donner la sanction aux lois, et de décider en corps et sur le rapport des chefs les plus importantes affaires publiques, établiraient des tribunaux respectés, en distingueraient avec soin les divers départements ; éliraient d'année en année les plus capables et les plus intègres de leurs concitoyens pour administrer la justice et gouverner l'État ; et où la vertu des magistrats portant ainsi témoignage de la sagesse du peuple, les uns et les autres s'honoreraient mutuellement. De sorte que si jamais de funestes malentendus venaient à troubler la concorde publique, ces temps mêmes d'aveuglement et d'erreurs fussent marqués par des témoignages de modération, d'estime réciproque, et d'un commun respect pour les lois ; présages et garants d'une réconciliation sincère et perpétuelle.

Tels sont, MAGNIFIQUES, TRÈS HONORÉS, ET SOUVERAINS SEIGNEURS, les avantages que j'aurais recherchés dans la patrie que je me serais choisie. Que si la Providence y avait ajouté de plus une situation charmante, un climat tempéré, un pays fertile, et l'aspect le plus délicieux qui soit sous le ciel, je n'aurais désiré pour combler mon bonheur que de jouir de tous ces biens dans le sein de cette heureuse patrie, vivant paisiblement dans une douce société avec mes concitoyens, exerçant envers eux, et à leur exemple, l'humanité, l'amitié et toutes les vertus, et laissant après moi l'honorable mémoire d'un homme de bien, et d'un honnête et vertueux patriote.

Si, moins heureux ou trop tard sage, je m'étais vu réduit à finir en d'autres climats une infirme et languissante carrière, regrettant inutilement le repos et la paix dont une jeunesse imprudente m'aurait privé; j'aurais du moins nourri dans mon âme ces mêmes sentiments dont je n'aurais pu faire usage dans mon pays, et pénétré d'une affection tendre et désintéressée pour mes concitoyens éloignés, je leur aurais adressé du fond de mon cœur à peu près le discours suivant.

Mes chers concitoyens ou plutôt mes frères, puisque les liens du sang ainsi que les lois nous unissent presque tous, il m'est doux de ne pouvoir penser à vous, sans penser en même temps à tous les biens dont vous jouissez et dont nul de vous peut-être ne sent mieux le prix que moi qui les ai perdus. Plus je réfléchis sur votre situation politique et civile, et moins je puis imaginer que la nature des choses humaines puisse en comporter une meilleure. Dans tous les autres gouvernements, quand il est question d'assurer le plus grand bien de l'État, tout se borne toujours à des projets en idées, et tout au plus à de simples possibilités. Pour vous, votre bonheur est tout fait, il ne faut qu'en jouir, et vous n'avez plus besoin pour devenir parfaitement heureux que de savoir vous contenter de l'être. Votre souveraineté acquise ou recouvrée à la pointe de l'épée, et conservée durant deux siècles à force de valeur et de sagesse, est enfin pleinement et universellement reconnue. Des traités honorables fixent vos limites, assurent vos droits, et affermissent votre repos. Votre constitution est excellente, dictée par la plus sublime raison, et garantie par des puissances amies et respectables; votre État est tranquille, vous n'avez ni guerres ni conquérants à craindre; vous n'avez point d'autres maîtres que de sages lois que vous avez faites, administrées par des magistrats intègres qui sont de votre choix; vous n'êtes ni assez riches pour vous énerver par la mollesse et perdre dans de vaines délices le goût du vrai bonheur et des solides vertus, ni assez pauvres pour avoir besoin de plus de secours étrangers que ne vous en procure votre industrie; et cette liberté précieuse qu'on ne maintient chez les grandes nations qu'avec des impôts exorbitants ne vous coûte presque rien à conserver.

Puisse durer toujours pour le bonheur de ses citoyens et l'exemple des peuples une république si sagement et si heureusement constituée! Voilà le seul vœu qui vous reste à faire, et le seul soin qui vous reste à prendre. C'est à vous seuls désormais, non à faire votre bonheur, vos ancêtres vous en ont évité la peine, mais à le rendre durable par la sagesse d'en bien user. C'est de votre union perpétuelle, de votre obéissance aux lois; de votre respect pour leurs ministres que dépend votre conservation. S'il reste parmi vous le moindre germe d'aigreur ou de défiance, hâtez-vous de le détruire comme un levain funeste d'où résulteraient tôt ou tard vos malheurs et la ruine de l'État. Je vous conjure de rentrer tous au fond de votre cœur et de consulter la voix secrète de votre conscience. Quelqu'un parmi vous connaît-il dans l'univers un corps plus intègre, plus éclairé, plus respectable que celui de votre magistrature ? Tous ses membres ne vous donnent-ils pas l'exemple de la modération, de la simplicité de mœurs, du respect pour les lois et de la plus sincère réconciliation : rendez donc sans réserve à de si sages chefs cette salutaire confiance que la raison doit à la vertu ; songez qu'ils sont de votre choix, qu'ils le justifient, et que les honneurs dus à ceux que vous avez constitués en dignité retombent nécessairement sur vous-mêmes. Nul de vous n'est assez peu éclairé pour ignorer qu'où cessent la vigueur des lois et l'autorité de leurs défenseurs, il ne peut y avoir ni sûreté ni liberté pour personne. De quoi s'agit-il donc entre vous que de faire de bon cœur et avec une juste confiance ce que vous seriez toujours obligés de faire par un véritable intérêt, par devoir, et pour la raison ? Qu'une coupable et funeste indifférence pour le maintien de la constitution ne vous fasse jamais négliger au besoin les sages avis des plus éclairés et des plus zélés d'entre vous. Mais que l'équité, la modération, la plus respectueuse fermeté, continuent de régler toutes vos démarches et de montrer en vous à tout l'univers l'exemple d'un peuple fier et modeste, aussi jaloux de sa gloire que de sa liberté. Gardez-vous, surtout et ce sera mon dernier conseil, d'écouter jamais des interprétations sinistres et des discours envenimés dont les motifs secrets sont souvent plus dangereux que les actions qui en sont l'objet. Toute une maison s'éveille et se tient en alarmes aux premiers cris d'un bon et fidèle gardien qui n'aboie jamais qu'à l'approche des voleurs ; mais on hait l'importunité de ses animaux bruyants qui troublent sans cesse le repos public, et dont les avertissements continuels et déplacés ne se font pas même écouter au moment qu'ils sont nécessaires.

Et vous MAGNIFIQUES ET TRÈS HONORÉS SEIGNEURS ; vous dignes et respectables magistrats d'un peuple libre ; permettez-moi de vous offrir en particulier mes hommages et mes devoirs. S'il y a dans le monde un rang propre à illustrer ceux qui l'occupent, c'est sans doute celui que donnent les talents et la vertu, celui dont vous vous êtes rendus dignes, et auquel vos concitoyens vous ont élevés. Leur propre mérite ajoute encore au vôtre un nouvel éclat, et choisis par des hommes capables d'en gouverner d'autres, pour les gouverner eux-mêmes, je vous trouve autant au-dessus des autres magistrats qu'un peuple libre, et surtout celui que vous avez l'honneur de conduire, est par ses lumières et par sa raison au-dessus de la populace des autres États.

Qu'il me soit permis de citer un exemple dont il devrait rester de meilleures traces, et qui sera toujours présent à mon cœur. Je ne me rappelle point sans la plus douce émotion la mémoire du vertueux citoyen de qui j'ai reçu le jour, et qui souvent entretint mon enfance du respect qui vous était dû. Je le vois encore vivant du travail de ses mains, et nourrissant son âme des vérités les plus sublimes. Je vois Tacite, Plutarque, et Grotius, mêlés devant lui avec les instruments de son métier. Je vois à ses côtés un fils chéri recevant avec trop peu de fruit les tendres instructions du meilleur des pères. Mais si les égarements d'une folle jeunesse me firent oublier durant un temps de si sages leçons, j'ai le bonheur d'éprouver enfin que, quelque penchant qu'on ait vers le vice, il est difficile qu'une éducation dont le cœur se mêle reste perdue pour toujours.

Tels sont MAGNIFIQUES ET TRÈS HONORÉS SEIGNEURS, les citoyens et même les simples habitants nés dans l'État que vous gouvernez ; tels sont ces hommes instruits et sensés dont, sous le nom d'ouvriers et de peuple, on a chez les autres nations des idées si basses et si fausses. Mon père, je l'avoue avec joie, n'était point distingué parmi ses concitoyens; il n'était que ce qu'ils sont tous, et tel qu'il était, il n'y a point de pays où sa société n'eût été recherchée, cultivée, et même avec fruit, par les plus honnêtes gens. Il ne m'appartient pas, et grâce au Ciel, il n'est pas nécessaire de vous parler des égards que peuvent attendre de vous des hommes de cette trempe, vos égaux par l'éducation, ainsi que par les droits de la nature et de la naissance; vos inférieurs par leur volonté, par la préférence qu'ils devaient à votre mérite, qu'ils lui ont accordée, et pour laquelle vous leur devez à votre tour une sorte de reconnaissance. J'apprends avec une vive satisfaction de combien de douceur et de condescendance vous tempérez avec eux la gravité convenable aux ministres des lois, combien vous leur rendez en estime et en attentions ce qu'ils vous doivent d'obéissance et de respects; conduite pleine de justice et de sagesse, propre à éloigner de plus en plus la mémoire des événements malheureux qu'il faut oublier pour ne les revoir jamais; conduite d'autant plus judicieuse que ce peuple équitable et généreux se fait un plaisir de son devoir, qu'il aime naturellement à vous honorer, et que les plus ardents à soutenir leurs droits sont les plus portés à respecter les vôtres.

Il ne doit pas être étonnant que les chefs d'une société civile en aiment la gloire et le bonheur, mais il l'est trop pour le repos des hommes que ceux qui se regardent comme les magistrats, ou plutôt comme les maîtres d'une patrie plus sainte et plus sublime, témoignent quelque amour pour la patrie terrestre qui les nourrit. Qu'il m'est doux de pouvoir faire en notre faveur une exception si rare, et placer au rang de nos meilleurs citoyens ces zélés dépositaires des dogmes sacrés autorisés par les lois, ces vénérables pasteurs des âmes, dont la vive et douce éloquence porte d'autant mieux dans les cœurs les maximes de l'Évangile qu'ils commencent toujours par les pratiquer eux-mêmes! Tout le monde sait avec quel succès le grand art de la chaire est cultivé à Genève; mais, trop accoutumés à voir dire d'une manière et faire d'une autre, peu de gens savent jusqu'à quel point l'esprit du christianisme, la sainteté des mœurs, la sévérité pour soi-même et la douceur pour autrui, règnent dans le corps de nos ministres. Peut-être appartient-il à la seule ville de Genève de montrer l'exemple édifiant d'une aussi parfaite union entre une société de théologiens et de gens de lettres. C'est en grande partie sur leur sagesse et leur modération reconnues, c'est sur leur zèle pour la prospérité de l'État que je fonde l'espoir de son éternelle tranquillité; et je remarque avec un plaisir mêlé d'étonnement et de respect combien ils ont d'horreur pour les affreuses maximes de ces hommes sacrés et barbares dont l'Histoire fournit plus d'un exemple, et qui, pour soutenir les prétendus droits de Dieu, c'est-à-dire leurs intérêts, étaient d'autant moins avares du sang humain qu'ils se flattaient que le leur serait toujours respecté.

Pourrais-je oublier cette précieuse moitié de la république qui fait le bonheur de l'autre, et dont la douceur et la sagesse y maintiennent la paix et les bonnes mœurs? Aimables et vertueuses citoyennes, le sort de votre sexe sera toujours de gouverner le nôtre. Heureux! quand votre chaste pouvoir, exercé seulement dans l'union conjugale, ne se fait sentir que pour la gloire de l'État et le bonheur public. C'est ainsi que les femmes commandaient à Sparte, et c'est ainsi que vous méritez de commander à Genève. Quel homme barbare pourrait résister à la voix de l'honneur et de la raison dans la bouche d'une tendre épouse; et qui ne mépriserait un vain luxe, en voyant votre simple et modeste parure, qui par l'éclat qu'elle tient de vous semble être la plus favorable à la beauté ? C'est à vous de maintenir toujours par votre aimable et innocent empire et par votre esprit insinuant l'amour des lois dans l'État et la concorde parmi les citoyens ; de réunir par d'heureux mariages les familles divisées ; et surtout de corriger par la persuasive douceur de vos leçons et par les grâces modestes de votre entretien, les travers que nos jeunes gens vont prendre en d'autres pays, d'où, au lieu de tant de choses utiles dont ils pourraient profiter, ils ne rapportent, avec un ton puéril et des airs ridicules pris parmi des femmes perdues, que l'admiration de je ne sais quelles prétendues grandeurs, frivoles dédommagements de la servitude, qui ne vaudront jamais l'auguste liberté. Soyez donc toujours ce que vous êtes, les chastes gardiennes des mœurs et les doux liens de la paix, et continuez de faire valoir en toute occasion les droits du cœur et de la nature au profit du devoir et de la vertu.

Je me flatte de n'être point démenti par l'événement, en fondant sur de tels garants l'espoir du bonheur commun des citoyens et de la gloire de la république. J'avoue qu'avec tous ces avantages, elle ne brillera pas de cet éclat dont la plupart des yeux sont éblouis et dont le puéril et funeste goût est le plus mortel ennemi du bonheur et de la liberté. Qu'une jeunesse dissolue aille chercher ailleurs des plaisirs faciles et de longs repentirs. Que les prétendus gens de goût admirent en d'autres lieux la grandeur des palais, la beauté des équipages, les superbes ameublements, la pompe des spectacles, et tous les raffinements de la mollesse et du luxe. À Genève, on ne trouvera que des hommes, mais pourtant un tel spectacle a bien son prix, et ceux qui le rechercheront vaudront bien les admirateurs du reste.

Daignez MAGNIFIQUES, TRÈS HONORÉS ET SOUVERAINS SEIGNEURS, recevoir tous avec la même bonté les respectueux témoignages de l'intérêt que je prends à votre prospérité commune. Si j'étais assez malheureux pour être coupable de quelque transport indiscret dans cette vive effusion de mon cœur, je vous supplie de le pardonner à la tendre affection d'un vrai patriote, et au zèle ardent et légitime d'un homme qui n'envisage point de plus grand bonheur pour lui-même que celui de vous voir tous heureux.

Je suis avec le plus profond respect
MAGNIFIQUES, TRÈS HONORÉS ET SOUVERAINS SEIGNEURS,

votre très humble et très obéissant serviteur et concitoyen.

À Chambéry, le 12 juin 1754,
Jean-Jacques Rousseau.

PRÉFACE

La plus utile et la moins avancée de toutes les connaissances humaines me paraît être celle de l'homme et j'ose dire que la seule inscription du temple de Delphes contenait un précepte plus important et plus difficile que tous les gros livres des moralistes. Aussi je regarde le sujet de ce Discours comme une des questions les plus intéressantes que la philosophie puisse proposer, et malheureusement pour nous comme une des plus épineuses que les philosophes puissent résoudre. Car comment connaître la source de l'inégalité parmi les hommes, si l'on ne commence par les connaître eux-mêmes ? et comment l'homme viendra-t-il à bout de se voir tel que l'a formé la nature, à travers tous les changements que la succession des temps et des choses a dû produire dans sa constitution originelle, et de démêler ce qu'il tient de son propre fonds d'avec ce que les circonstances et ses progrès ont ajouté ou changé à son état primitif. Semblable à la statue de Glaucus[3] que le temps, la mer et les orages avaient tellement défigurée qu'elle ressemblait moins à un dieu qu'à une bête féroce, l'âme humaine altérée au sein de la société par mille causes sans cesse renaissantes, par l'acquisition d'une multitude de connaissances et d'erreurs, par les changements arrivés à la constitution des corps, et par le choc continuel des passions, a, pour ainsi dire, changé d'apparence au point d'être presque méconnaissable ; et l'on n'y retrouve plus, au lieu d'un être agissant toujours par des principes certains et invariables, au lieu de cette céleste et majestueuse simplicité dont son auteur l'avait empreinte, que le difforme contraste de la passion qui croit raisonner et de l'entendement en délire.

Ce qu'il y a de plus cruel encore, c'est que tous les progrès de l'espèce humaine l'éloignant sans cesse de son état primitif, plus nous accumulons de nouvelles connaissances, et plus nous nous ôtons les moyens d'acquérir la plus importante de toutes, et que c'est en un sens à force d'étudier l'homme que nous nous sommes mis hors d'état de le connaître.

Il est aisé de voir que c'est dans ces changements successifs de la constitution humaine qu'il faut chercher la première origine des différences qui distinguent les hommes, lesquels d'un commun aveu sont naturellement aussi égaux entre eux que l'étaient les animaux de chaque espèce, avant que diverses causes physiques eussent introduit dans quelques-unes les variétés que nous y remarquons. En effet, il n'est pas concevable que ces premiers changements, par quelque moyen qu'ils soient arrivés, aient altéré tout à la fois et de la même manière tous les individus de l'espèce ; mais les uns s'étant perfectionnés ou détériorés, et ayant acquis diverses qualités bonnes ou mauvaises qui n'étaient point inhérentes à leur nature, les autres restèrent plus longtemps dans leur état originel ; et telle fut parmi les hommes la première source de l'inégalité, qu'il est plus aisé de démontrer ainsi en général que d'en assigner avec précision les véritables causes.

Que mes lecteurs ne s'imaginent donc pas que j'ose me flatter d'avoir vu ce qui me paraît si difficile à voir. J'ai commencé quelques raisonnements ; j'ai hasardé quelques conjectures[4], moins dans l'espoir de résoudre la question que dans l'intention de l'éclaircir et de la réduire à son véritable état. D'autres pourront aisément aller plus loin dans la même route, sans qu'il soit facile à personne d'arriver au terme. Car ce n'est pas une légère entreprise de démêler ce qu'il y a d'originaire et d'artificiel dans la nature actuelle de l'homme, et de bien connaître un état qui n'existe plus, qui n'a peut-être point existé, qui probablement n'existera jamais, et dont il est pourtant nécessaire d'avoir des notions justes pour bien juger de notre état présent[5]. Il faudrait même plus de philosophie qu'on ne pense à celui qui entreprendrait de déterminer exactement les précautions à prendre pour faire sur ce sujet de solides observations ; et une bonne solution du problème suivant ne me paraîtrait pas indigne des Aristote et des Pline de notre siècle. *Quelles expériences seraient nécessaires pour parvenir à connaître l'homme naturel ; et quels sont les moyens de faire ces expériences au sein de la société ?* Loin d'entreprendre de résoudre ce problème, je crois en avoir assez médité le sujet, pour oser répondre d'avance que les plus grands philosophes ne seront pas trop bons pour diriger ces expériences, ni les plus puissants souverains pour les faire ; concours auquel il n'est guère raisonnable de s'attendre surtout avec la persévérance ou plutôt la succession de lumières et de bonne volonté nécessaire de part et d'autre pour arriver au succès.

Ces recherches si difficiles à faire, et auxquelles on a si peu songé jusqu'ici, sont pourtant les seuls moyens qui nous restent de lever une multitude de difficultés qui nous dérobent la connaissance des fondements réels de la société humaine. C'est cette ignorance de la nature de l'homme qui jette tant d'incertitude et d'obscurité sur la véritable définition du droit naturel : car l'idée du droit, dit M. Burlamaqui[6], et plus encore celle du droit naturel, sont manifestement des idées relatives à la nature de l'homme. C'est donc de cette nature même de l'homme, continue-t-il, de sa constitution et de son état qu'il faut déduire les principes de cette science.

Ce n'est point sans surprise et sans scandale qu'on remarque le peu d'accord qui règne sur cette importante matière entre les divers auteurs qui en ont traité. Parmi les plus graves écrivains à peine en trouve-t-on deux qui soient du même avis sur ce point. Sans parler des anciens philosophes qui semblent avoir pris à tâche de se contredire entre eux sur les principes les plus fondamentaux, les jurisconsultes romains assujettissent indifféremment l'homme et tous les autres animaux à la même loi naturelle, parce qu'ils considèrent plutôt sous ce nom la loi que la nature s'impose à elle-même que celle qu'elle prescrit ; ou plutôt, à cause de l'acception particulière selon laquelle ces jurisconsultes entendent le mot de loi qu'ils semblent n'avoir pris en cette occasion que pour l'expression des rapports généraux établis par la nature entre tous les êtres animés, pour leur commune conservation. Les modernes ne reconnaissant sous le nom de loi qu'une règle prescrite à un être moral, c'est-à-dire intelligent, libre, et considéré dans ses rapports avec d'autres êtres, bornent conséquemment au seul animal doué de raison, c'est-à-dire à l'homme, la compétence de la loi naturelle ; mais définissant cette loi chacun à sa mode, ils l'établissent tous sur des principes si métaphysiques qu'il y a, même parmi nous, bien peu de gens en état de comprendre ces principes, loin de pouvoir les trouver d'eux-mêmes. De sorte que toutes les définitions de ces savants hommes, d'ailleurs en perpétuelle contradiction entre elles, s'accordent seulement en ceci, qu'il est impossible d'entendre la loi de nature et par conséquent d'y obéir, sans être un très grand raisonneur et un profond métaphysicien. Ce qui signifie précisément que les hommes ont dû employer pour l'établissement de la société des lumières qui ne se développent qu'avec beaucoup de peine et pour fort peu de gens dans le sein de la société même.

Connaissant si peu la nature et s'accordant si mal sur le sens du mot *loi*, il serait bien difficile de convenir d'une bonne définition de la loi naturelle[7]. Aussi toutes celles qu'on trouve dans les livres, outre le défaut de n'être point uniformes, ont-elles encore celui d'être tirées de plusieurs connaissances que les hommes n'ont point naturellement, et des avantages dont ils ne peuvent concevoir l'idée qu'après être sortis de l'état de nature. On commence par rechercher les règles dont, pour l'utilité commune, il serait à propos que les hommes convinssent entre eux ; et puis on donne le nom de loi naturelle à la collection de ces règles, sans autre preuve que le bien qu'on trouve qui résulterait de leur pratique universelle. Voilà assurément une manière très commode de composer des définitions, et d'expliquer la nature des choses par des convenances presque arbitraires.

Mais tant que nous ne connaîtrons point l'homme naturel, c'est en vain que nous voudrons déterminer la loi qu'il a reçue ou celle qui convient le mieux à sa constitution. Tout ce que nous pouvons voir très clairement au sujet de cette loi, c'est que non seulement pour qu'elle soit loi il faut que la volonté de celui qu'elle oblige puisse s'y soumettre avec connaissance, mais qu'il faut encore pour qu'elle soit naturelle qu'elle parle immédiatement par la voix de la nature.

Laissant donc tous les livres scientifiques qui ne nous apprennent qu'à voir les hommes tels qu'ils se sont faits, et méditant sur les premières et plus simples opérations de l'âme humaine, j'y crois apercevoir deux principes antérieurs à la raison, dont l'un nous intéresse ardemment à notre bien-être et à la conservation de nous-mêmes, et l'autre nous inspire une répugnance naturelle à voir périr ou souffrir tout être sensible et principalement nos semblables. C'est du concours et de la combinaison que notre esprit est en état de faire de ces deux principes, sans qu'il soit nécessaire d'y faire entrer celui de la sociabilité, que me paraissent découler toutes les règles du droit naturel ; règles que la raison est ensuite forcée de rétablir sur d'autres fondements, quand par ses développements successifs elle est venue à bout d'étouffer la nature[8].

De cette manière, on n'est point obligé de faire de l'homme un philosophe avant que d'en faire un homme ; ses devoirs envers autrui ne lui sont pas uniquement dictés par les tardives leçons de la sagesse ; et tant qu'il ne résistera point à l'impulsion intérieure de la commisération, il ne fera jamais du mal à un autre homme ni même à aucun être sensible, excepté dans le cas légitime où sa conservation se trouvant intéressée, il est obligé de se donner la préférence à lui-même. Par ce moyen, on termine aussi les anciennes disputes sur la participation des animaux à la loi naturelle. Car il est clair que, dépourvus de lumières et de liberté, ils ne peuvent reconnaître cette loi ; mais tenant en quelque chose à notre nature par la sensibilité dont ils sont doués, on jugera qu'ils doivent aussi participer au droit naturel, et que l'homme est assujetti envers eux à quelque espèce de devoirs. Il semble, en effet, que si je suis obligé de ne faire aucun mal à mon semblable, c'est moins parce qu'il est un être raisonnable que parce qu'il est un être sensible ; qualité qui, étant commune à la bête et à l'homme, doit au moins donner à l'une le droit de n'être point maltraitée inutilement par l'autre.

Cette même étude de l'homme originel, de ses vrais besoins, et des principes fondamentaux de ses devoirs, est encore le seul bon moyen qu'on puisse employer pour lever ces foules de difficultés qui se présentent sur l'origine de l'inégalité morale, sur les vrais fondements du corps politique, sur les droits réciproques de ses membres, et sur mille autres questions semblables, aussi importantes que mal éclaircies.

En considérant la société humaine d'un regard tranquille et désintéressé, elle ne semble montrer d'abord que la violence des hommes puissants et l'oppression des faibles ; l'esprit se révolte contre la dureté des uns ; on est porté à déplorer l'aveuglement des autres ; et comme rien n'est moins stable parmi les hommes que ces relations extérieures que le hasard produit plus souvent que la sagesse, et qu'on appelle faiblesse ou puissance, richesse ou pauvreté, les établissements humains paraissent au premier coup d'œil fondés sur des monceaux de sable mouvant ; ce n'est qu'en les examinant de près, ce n'est qu'après avoir écarté la poussière et le sable qui environnent l'édifice, qu'on aperçoit la base inébranlable sur laquelle il est élevé, et qu'on apprend à en respecter les fondements. Or sans l'étude sérieuse de l'homme, de ses facultés naturelles, et de leurs développements successifs, on ne viendra jamais à bout de faire ces distinctions, et de séparer dans l'actuelle constitution des choses ce qu'a fait la volonté divine d'avec ce que l'art humain a prétendu faire. Les recherches politiques et morales auxquelles donne lieu l'importante question que j'examine sont donc utiles de toute manière, et l'histoire hypothétique des gouvernements est pour l'homme une leçon instructive à tous égards. En considérant ce que nous serions devenus, abandonnés à nous-mêmes, nous devons apprendre à bénir celui dont la main bienfaisante, corrigeant nos institutions et leur donnant une assiette inébranlable, a prévenu les désordres qui devraient en résulter, et fait naître notre bonheur des moyens qui semblaient devoir combler notre misère.

*Quem te Deus esse
Jussit, et humana qua parte locatus es in re,
Disce*[9].

QUESTION
proposée par l'académie de Dijon

Quelle est l'origine de l'inégalité parmi les hommes, et si elle est autorisée par la loi naturelle.

AVERTISSEMENT

SUR LES NOTES[*]

J'ai ajouté quelques notes à cet ouvrage selon ma coutume paresseuse de travailler à bâtons rompus. Ces notes s'écartent quelquefois assez du sujet pour n'être pas bonnes à lire avec le texte. Je les ai donc rejetées à la fin du Discours, dans lequel j'ai tâché de suivre de mon mieux le plus droit chemin. Ceux qui auront le courage de recommencer pourront s'amuser la seconde fois à battre les buissons, et tenter de parcourir les notes ; il y aura peu de mal que les autres ne les lisent point du tout.

---

[*] En nous autorisant de Rousseau lui-même, nous n'avons pas repris ces Notes dans la présente édition. (Note de l'éditeur, G. M.)

DISCOURS SUR L'ORIGINE ET LES FONDEMENTS DE L'INÉGALITÉ PARMI LES HOMMES

C'est de l'homme que j'ai à parler, et la question que j'examine m'apprend que je vais parler à des hommes, car on n'en propose point de semblables quand on craint d'honorer la vérité. Je défendrai donc avec confiance la cause de l'humanité devant les sages qui m'y invitent, et je ne serai pas mécontent de moi-même si je me rends digne de mon sujet et de mes juges.

Je conçois dans l'espèce humaine deux sortes d'inégalités ; l'une que j'appelle naturelle ou physique, parce qu'elle est établie par la nature, et qui consiste dans la différence des âges, de la santé, des forces du corps, et des qualités de l'esprit, ou de l'âme, l'autre qu'on peut appeler inégalité morale, ou politique, parce qu'elle dépend d'une sorte de convention, et qu'elle est établie, ou du moins autorisée par le consentement des hommes. Celle-ci consiste dans les différents privilèges, dont quelques-uns jouissent, au préjudice des autres, comme d'être plus riches, plus honorés, plus puissants qu'eux, ou même de s'en faire obéir.

On ne peut pas demander quelle est la source de l'inégalité naturelle, parce que la réponse se trouverait énoncée dans la simple définition du mot. On peut encore moins chercher s'il n'y aurait point quelque liaison essentielle entre les deux inégalités; car ce serait demander, en d'autres termes, si ceux qui commandent valent nécessairement mieux que ceux qui obéissent, et si la force du corps ou de l'esprit, la sagesse ou la vertu, se trouvent toujours dans les mêmes individus, en proportion de la puissance, ou de la richesse : question bonne peut-être à agiter entre des esclaves entendus de leurs maîtres, mais qui ne convient pas à des hommes raisonnables et libres, qui cherchent la vérité.

De quoi s'agit-il donc précisément dans ce Discours ? De marquer dans le progrès des choses le moment où le droit succédant à la violence, la nature fut soumise à la loi ; d'expliquer par quel enchaînement des prodiges le fort put se résoudre à servir le faible, et le peuple à acheter un repos en idée, au prix d'une félicité réelle.

Les philosophes qui ont examiné les fondements de la société ont tous senti la nécessité de remonter jusqu'à l'état de nature, mais aucun d'eux n'y est arrivé. Les uns n'ont point balancé à supposer à l'homme dans cet état la notion du juste et de l'injuste, sans se soucier de montrer qu'il dût avoir cette notion, ni même qu'elle lui fût utile. D'autres ont parlé du droit naturel que chacun a de conserver ce qui lui appartient, sans expliquer ce qu'ils entendaient par appartenir ; d'autres, donnant d'abord au plus fort l'autorité sur le plus faible, ont aussitôt fait naître le gouvernement, sans songer au temps qui dut s'écouler avant que le sens des mots d'autorité et de gouvernement pût exister parmi les hommes. Enfin tous, parlant sans cesse de besoin, d'avidité, d'oppression, de désirs, et d'orgueil, ont transporté à l'état de nature des idées qu'ils avaient prises dans la société. Ils parlaient de l'homme sauvage, et ils peignaient l'homme civil. Il n'est pas même venu dans l'esprit de la plupart des nôtres de douter que l'état de nature eût existé, tandis qu'il est évident, par la lecture des Livres sacrés, que le premier homme, ayant reçu immédiatement de Dieu des lumières et des préceptes, n'était point lui-même dans cet état, et qu'en ajoutant aux écrits de Moïse la foi que leur doit tout philosophe chrétien, il faut nier que, même avant le Déluge, les hommes se soient jamais trouvés dans le pur état de nature, à moins qu'ils n'y soient retombés par quelque événement extraordinaire. Paradoxe fort embarrassant à défendre, et tout à fait impossible à prouver.

Commençons donc par écarter tous les faits[10], car ils ne touchent point à la question. Il ne faut pas prendre les recherches, dans lesquelles on peut entrer sur ce sujet, pour des vérités historiques, mais seulement pour des raisonnements hypothétiques et conditionnels ; plus propres à éclaircir la nature des choses, qu'à en montrer la véritable origine, et semblables à ceux que font tous les jours nos physiciens sur la formation du monde. La religion nous ordonne de croire que Dieu lui-même ayant tiré les hommes de l'état de nature, immédiatement après la création, ils sont inégaux parce qu'il a voulu qu'ils le fussent ; mais elle ne nous défend pas de former des conjectures tirées de la seule nature de l'homme et des êtres qui l'environnent, sur ce qu'aurait pu devenir le genre humain, s'il fût resté abandonné à lui-même. Voilà ce qu'on me demande, et ce que je me propose d'examiner dans ce Discours. Mon sujet intéressant l'homme en général, je tâcherai de prendre un langage qui convienne à toutes les nations, ou plutôt, oubliant les temps et les lieux, pour ne songer qu'aux hommes à qui je parle, je me supposerai dans le lycée d'Athènes, répétant les leçons de mes maîtres, ayant les Platon et les Xénocrate pour juges, et le genre humain pour auditeur.

Ô homme, de quelque contrée que tu sois, quelles que soient tes opinions, écoute. Voici ton histoire telle que j'ai cru la lire, non dans les livres de tes semblables qui sont menteurs, mais dans la nature qui ne ment jamais. Tout ce qui sera d'elle sera vrai. Il n'y aura de faux que ce que j'y aurai mêlé du mien sans le vouloir. Les temps dont je vais parler sont bien éloignés. Combien tu as changé de ce que tu étais ! C'est pour ainsi dire la vie de ton espèce que je te vais décrire d'après les qualités que tu as reçues, que ton éducation et tes habitudes ont pu dépraver, mais qu'elles n'ont pu détruire. Il y a, je le sens, un âge auquel l'homme individuel voudrait s'arrêter ; tu chercheras l'âge auquel tu désirerais que ton espèce se fût arrêtée. Mécontent de ton état présent, par des raisons qui annoncent à ta postérité malheureuse de plus grands mécontentements encore, peut-être voudrais-tu pouvoir rétrograder ; et ce sentiment doit faire l'éloge de tes premiers aïeux, la critique de tes contemporains, et l'effroi de ceux qui auront le malheur de vivre après toi.

Première partie

Quelque important qu'il soit, pour bien juger de l'état naturel de l'homme, de le considérer dès son origine, et de l'examiner, pour ainsi dire, dans le premier embryon de l'espèce; je ne suivrai point son organisation à travers ses développements successifs. Je ne m'arrêterai pas à rechercher dans le système animal ce qu'il put être au commencement, pour devenir enfin ce qu'il est; je n'examinerai pas si, comme le pense Aristote, ses ongles allongés ne furent point d'abord des griffes crochues; s'il n'était point velu comme un ours, et si marchant à quatre pieds, ses regards dirigés vers la terre, et bornés à un horizon de quelques pas, ne marquaient point à la fois le caractère, et les limites de ses idées. Je ne pourrais former sur ce sujet que des conjectures vagues, et presque imaginaires. L'anatomie comparée a fait encore trop peu de progrès, les observations des naturalistes sont encore trop incertaines, pour qu'on puisse établir sur de pareils fondements la base d'un raisonnement solide; ainsi, sans avoir recours aux connaissances naturelles que nous avons sur ce point, et sans avoir égard aux changements qui ont dû survenir dans la conformation, tant intérieure qu'extérieure, de l'homme, à mesure qu'il appliquait ses membres à de nouveaux usages, et qu'il se nourrissait de nouveaux aliments, je le supposerai conformé de tous temps, comme je le vois aujourd'hui, marchant à deux pieds, se servant de ses mains comme nous faisons des nôtres, portant ses regards sur toute la nature, et mesurant des yeux la vaste étendue du ciel.

En dépouillant cet être, ainsi constitué, de tous les dons surnaturels qu'il a pu recevoir, et de toutes les facultés artificielles qu'il n'a pu acquérir que par de longs progrès, en le considérant, en un mot, tel qu'il a dû sortir des mains de la nature, je vois un animal moins fort que les uns, moins agile que les autres, mais, à tout prendre, organisé le plus avantageusement de tous. Je le vois se rassasiant sous un chêne, se désaltérant au premier ruisseau, trouvant son lit au pied du même arbre qui lui a fourni son repas, et voilà ses besoins satisfaits.

La terre abandonnée à sa fertilité naturelle, et couverte de forêts immenses que la cognée ne mutila jamais, offre à chaque pas des magasins et des retraites aux animaux de toute espèce. Les hommes dispersés parmi eux observent, imitent leur industrie, et s'élèvent ainsi jusqu'à l'instinct des bêtes, avec cet avantage que chaque espèce n'a que le sien propre, et que l'homme n'en ayant peut-être aucun qui lui appartienne, se les approprie tous, se nourrit également de la plupart des aliments divers que les autres animaux se partagent, et trouve par conséquent sa subsistance plus aisément que ne peut faire aucun d'eux.

Accoutumés dès l'enfance aux intempéries de l'air, et à la rigueur des saisons, exercés à la fatigue, et forcés de défendre nus et sans armes leur vie et leur proie contre les autres bêtes féroces, ou de leur échapper à la course, les hommes se forment un tempérament robuste et presque inaltérable. Les enfants, apportant au monde l'excellente constitution de leurs pères, et la fortifiant par les mêmes exercices qui l'ont produite, acquièrent ainsi toute la vigueur dont l'espèce humaine est capable. La nature en use précisément avec eux comme la loi de Sparte avec les enfants des citoyens; elle rend forts et robustes ceux qui sont bien constitués et fait périr tous les autres; différente en cela de nos sociétés, où l'État, en rendant les enfants onéreux aux pères, les tue indistinctement avant leur naissance.

Le corps de l'homme sauvage étant le seul instrument qu'il connaisse, il l'emploie à divers usages, dont, par le défaut d'exercice, les nôtres sont incapables, et c'est notre industrie qui nous ôte la force et l'agilité que la nécessité l'oblige d'acquérir. S'il avait eu une hache, son poignet romprait-il de si fortes branches? S'il avait eu une fronde, lancerait-il de la main une pierre avec tant de raideur? S'il avait eu une échelle, grimperait-il si légèrement sur un arbre? S'il avait eu un cheval, serait-il si vite à la course? Laissez à l'homme civilisé le temps de rassembler toutes ses machines autour de lui, on ne peut douter qu'il ne surmonte facilement l'homme sauvage; mais si vous voulez voir un combat plus inégal encore, mettez-les nus et désarmés vis-à-vis l'un de l'autre, et vous reconnaîtrez bientôt quel est l'avantage d'avoir sans cesse toutes ses forces à sa disposition, d'être toujours prêt à tout événement, et de se porter, pour ainsi dire, toujours tout entier avec soi.

Hobbes prétend que l'homme est naturellement intrépide, et ne cherche qu'à attaquer, et combattre. Un philosophe illustre pense au contraire, et Cumberland et Pufendorf[11] l'assurent aussi, que rien n'est si timide que l'homme dans l'état de nature, et qu'il est toujours tremblant, et prêt à fuir au moindre bruit qui le frappe, au moindre mouvement qu'il aperçoit. Cela peut être ainsi pour les objets qu'il ne connaît pas, et je ne doute point qu'il ne soit effrayé par tous les nouveaux spectacles qui s'offrent à lui, toutes les fois qu'il ne peut distinguer le bien et le mal physiques qu'il en doit attendre, ni comparer ses forces avec les dangers qu'il a à courir ; circonstances rares dans l'état de nature, où toutes choses marchent d'une manière si uniforme, et où la face de la terre n'est point sujette à ces changements brusques et continuels, qu'y causent les passions et l'inconstance des peuples réunis. Mais l'homme sauvage vivant dispersé parmi les animaux, et se trouvant de bonne heure dans le cas de se mesurer avec eux, il en fait bientôt la comparaison, et sentant qu'il les surpasse plus en adresse qu'ils ne le surpassent en force, il apprend à ne les plus craindre. Mettez un ours, ou un loup aux prises avec un sauvage robuste ; agile, courageux comme ils sont tous, armé de pierres, et d'un bon bâton, et vous verrez que le péril sera tout au moins réciproque, et qu'après plusieurs expériences pareilles, les bêtes féroces, qui n'aiment point à s'attaquer l'une à l'autre, s'attaqueront peu volontiers à l'homme, qu'elles auront trouvé tout aussi féroce qu'elles. À l'égard des animaux qui ont réellement plus de force qu'il n'a d'adresse, il est vis-à-vis d'eux dans le cas des autres espèces plus faibles, qui ne laissent pas de subsister ; avec cet avantage pour l'homme, que non moins dispos qu'eux à la course, et trouvant sur les arbres un refuge presque assuré, il a partout le prendre et le laisser dans la rencontre, et le choix de la fuite ou du combat. Ajoutons qu'il ne paraît pas qu'aucun animal fasse naturellement la guerre à l'homme, hors le cas de sa propre défense ou d'une extrême faim, ni témoigne contre lui de ces violentes antipathies qui semblent annoncer qu'une espèce est destinée par la nature à servir de pâture à l'autre.

D'autres ennemis plus redoutables, et dont l'homme n'a pas les mêmes moyens de se défendre, sont les infirmités naturelles, l'enfance, la vieillesse, et les maladies de toute espèce ; tristes signes de notre faiblesse, dont les deux premiers sont communs à tous les animaux, et dont le dernier appartient principalement à l'homme vivant en société. J'observe même, au sujet de l'enfance, que la mère, portant partout son enfant avec elle, a beaucoup plus de facilité à le nourrir que n'ont les femelles de plusieurs animaux, qui sont forcées d'aller et venir sans cesse avec beaucoup de fatigue, d'un côté pour chercher leur pâture, et de l'autre pour allaiter ou nourrir leurs petits. Il est vrai que si la femme vient à périr, l'enfant risque fort de périr avec elle ; mais ce danger est commun à cent autres espèces, dont les petits ne sont de longtemps en état d'aller chercher eux-mêmes leur nourriture ; et si l'enfance est plus longue parmi nous, la vie étant plus longue aussi, tout est encore à peu près égal en ce point, quoiqu'il y ait sur la durée du premier âge, et sur les nombres des petits, d'autres règles, qui ne sont pas de mon sujet. Chez les vieillards, qui agissent et transpirent peu, le besoin d'aliments diminue avec la faculté d'y pourvoir ; et comme la vie sauvage éloigne d'eux la goutte et les rhumatismes, et que la vieillesse est de tous les maux celui que les secours humains peuvent le moins soulager, ils s'éteignent enfin, sans qu'on s'aperçoive qu'ils cessent d'être, et presque sans s'en apercevoir eux-mêmes.

À l'égard des maladies, je ne répéterai point les vaines et fausses déclamations, que font contre la médecine la plupart des gens en santé ; mais je demanderai s'il y a quelque observation solide de laquelle on puisse conclure que dans les pays, où cet art est le plus négligé, la vie moyenne de l'homme soit plus courte que dans ceux où il est cultivé avec le plus de soin ; et comment cela pourrait-il être, si nous nous donnons plus de maux que la médecine ne peut nous fournir de remèdes ! L'extrême inégalité dans la manière de vivre, l'excès d'oisiveté dans les uns, l'excès de travail dans les autres, la facilité d'irriter et de satisfaire nos appétits et notre sensualité, les aliments trop recherchés des riches, qui les nourrissent de sucs échauffants et les accablent d'indigestions, la mauvaise nourriture des pauvres, dont ils manquent même le plus souvent, et dont le défaut les porte à surcharger avidement leur estomac dans l'occasion, les veilles, les excès de toute espèce, les transports immodérés de toutes les passions, les fatigues, et l'épuisement d'esprit, les chagrins, et les peines sans nombre qu'on éprouve dans tous les états, et dont les âmes sont perpétuellement rongées. Voilà les funestes garants que la plupart de nos maux sont notre propre ouvrage, et que nous les aurions presque tous évités, en conservant la manière de vivre simple, uniforme, et solitaire qui nous était prescrite par la nature. Si elle nous a destinés à être sains, j'ose presque assurer que l'état de réflexion est un état contre nature, et que l'homme qui médite est un animal dépravé[12]. Quand on songe à la bonne constitution des sauvages, au moins de ceux que nous n'avons pas perdus avec nos liqueurs fortes, quand on sait qu'ils ne connaissent presque d'autres maladies que les blessures et la vieillesse, on est très porté à croire qu'on ferait aisément l'histoire des maladies humaines en suivant celle des sociétés civiles. C'est au moins l'avis de Platon qui juge, sur certains remèdes employés ou approuvés par Podalire et Machaon au siège de Troie, que diverses maladies, que ces remèdes devaient exciter, n'étaient point encore alors connues parmi les hommes.

Avec si peu de sources de maux, l'homme dans l'état de nature n'a donc guère besoin de remèdes, moins encore de médecins ; l'espèce humaine n'est point non plus à cet égard de pire condition que toutes les autres, et il est aisé de savoir des chasseurs si dans leurs courses ils trouvent beaucoup d'animaux infirmes. Plusieurs en trouvent-ils qui ont reçu des blessures considérables très bien cicatrisées, qui ont eu des os, et même des membres, rompus et repris sans autre chirurgien que le temps, sans autre régime que leur vie ordinaire, et qui n'en sont pas moins parfaitement guéris, pour n'avoir point été tourmentés d'incisions, empoisonnés de drogues, ni exténués de jeûnes. Enfin, quelque utile que puisse être parmi nous la médecine bien administrée, il est toujours certain que si le sauvage malade abandonné à lui-même n'a rien à espérer que de la nature, en revanche il n'a rien à craindre que de son mal, ce qui rend souvent sa situation préférable à la nôtre.

Gardons-nous donc de confondre l'homme sauvage avec les hommes que nous avons sous les yeux. La nature traite tous les animaux abandonnés à ses soins avec une prédilection, qui semble montrer combien elle est jalouse de ce droit. Le cheval, le chat, le taureau, l'âne même ont la plupart une taille plus haute, tous une constitution plus robuste, plus de vigueur, de force et de courage dans les forêts que dans nos maisons ; ils perdent la moitié de ces avantages en devenant domestiques, et l'on dirait que tous nos soins à bien traiter et nourrir ces animaux n'aboutissent qu'à les abâtardir. Il en est ainsi de l'homme même : en devenant sociable et esclave, il devient faible, craintif, rampant, et sa manière de vivre molle et efféminée achève d'énerver à la fois sa force et son courage. Ajoutons qu'entre les conditions sauvage et domestique la différence d'homme à homme doit être plus grande encore que celle de bête à bête ; car l'animal et l'homme ayant été traités également par la nature, toutes les commodités que l'homme se donne de plus qu'aux animaux qu'il apprivoise sont autant de causes particulières qui le font dégénérer plus sensiblement.

Ce n'est donc pas un si grand malheur à ces premiers hommes, ni surtout un si grand obstacle à leur conservation, que la nudité, le défaut d'habitation, et la privation de toutes ces inutilités que nous croyons si nécessaires. S'ils n'ont pas la peau velue, ils n'en ont aucun besoin dans les pays chauds, et ils savent bientôt, dans les pays froids, s'approprier celles des bêtes qu'ils ont vaincues ; s'ils n'ont que deux pieds pour courir, ils ont deux bras pour pourvoir à leur défense et à leurs besoins ; leurs enfants marchent peut-être tard et avec peine, mais les mères les portent avec facilité ; avantage qui manque aux autres espèces, où la mère, étant poursuivie, se voit contrainte d'abandonner ses petits, ou de régler son pas sur le leur. Enfin, à moins de supposer ces concours singuliers et fortuits de circonstances, dont je parlerai dans la suite, et qui pouvaient fort bien ne jamais arriver, il est clair en tout état de cause que le premier qui se fit des habits ou un logement se donna en cela des choses peu nécessaires, puisqu'il s'en était passé jusqu'alors, et qu'on ne voit pas pourquoi il n'eût pu supporter, homme fait, un genre de vie qu'il supportait dès son enfance.

Seul, oisif, et toujours voisin du danger, l'homme sauvage doit aimer à dormir, et avoir le sommeil léger comme les animaux, qui, pensant peu, dorment, pour ainsi dire, tout le temps qu'ils ne pensent point. Sa propre conservation faisant presque son unique soin, ses facultés les plus exercées doivent être celles qui ont pour objet principal l'attaque et la défense, soit pour subjuguer sa proie, soit pour se garantir d'être celle d'un autre animal : au contraire, les organes qui ne se perfectionnent que par la mollesse et la sensualité doivent rester dans un état de grossièreté, qui exclut en lui toute espèce de délicatesse ; et ses sens se trouvant partagés sur ce point, il aura le toucher et le goût d'une rudesse extrême ; la vue, l'ouïe et l'odorat de la plus grande subtilité. Tel est l'état animal en général, et c'est aussi, selon le rapport des voyageurs, celui de la plupart des peuples sauvages. Ainsi il ne faut point s'étonner que les Hottentots du cap de Bonne-Espérance découvrent à la simple vue des vaisseaux en haute mer, d'aussi loin que les Hollandais avec des lunettes, ni que les sauvages de l'Amérique sentissent les Espagnols à la piste, comme auraient pu faire les meilleurs chiens, ni que toutes ces nations barbares supportent sans peine leur nudité, aiguisent leur goût à force de piment, et boivent des liqueurs européennes comme de l'eau.

Je n'ai considéré jusqu'ici que l'homme physique. Tâchons de le regarder maintenant par le côté métaphysique et moral.

Je ne vois dans tout animal qu'une machine ingénieuse, à qui la nature a donné des sens pour se remonter elle-même, et pour se garantir, jusqu'à un certain point, de tout ce qui tend à la détruire, ou à la déranger. J'aperçois précisément les mêmes choses dans la machine humaine, avec cette différence que la nature seule fait tout dans les opérations de la bête, au lieu que l'homme concourt aux siennes, en qualité d'agent libre. L'un choisit ou rejette par instinct, et l'autre par un acte de liberté ; ce qui fait que la bête ne peut s'écarter de la règle qui lui est prescrite, même quand il lui serait avantageux de le faire, et que l'homme s'en écarte souvent à son préjudice. C'est ainsi qu'un pigeon mourrait de faim près d'un bassin rempli des meilleures viandes, et un chat sur des tas de fruits, ou de grain, quoique l'un et l'autre pût très bien se nourrir de l'aliment qu'il dédaigne, s'il s'était avisé d'en essayer. C'est ainsi que les hommes dissolus se livrent à des excès, qui leur causent la fièvre et la mort ; parce que l'esprit déprave les sens, et que la volonté parle encore, quand la nature se tait.

Tout animal a des idées puisqu'il a des sens, il combine même ses idées jusqu'à un certain point, et l'homme ne diffère à cet égard de la bête que du plus au moins[13]. Quelques philosophes ont même avancé qu'il y a plus de différence de tel homme à tel homme que de tel homme à telle bête ; ce n'est donc pas tant l'entendement qui fait parmi les animaux la distinction spécifique de l'homme que sa qualité d'agent libre. La nature commande à tout animal, et la bête obéit. L'homme éprouve la même impression, mais il se reconnaît libre d'acquiescer, ou de résister ; et c'est surtout dans la conscience de cette liberté que se montre la spiritualité de son âme : car la physique explique en quelque manière le mécanisme des sens et la formation des idées ; mais dans la puissance de vouloir ou plutôt de choisir, et dans le sentiment de cette puissance on ne trouve que des actes spirituels, dont on explique rien par les lois de la mécanique.

Mais, quand les difficultés qui environnent toutes ces questions laisseraient quelque lieu de disputer sur cette différence de l'homme et de l'animal, il y a une autre qualité très spécifique qui les distingue, et sur laquelle il ne peut y avoir de contestation, c'est la faculté de se perfectionner ; faculté qui, à l'aide des circonstances, développe successivement toutes les autres, et réside parmi nous tant dans l'espèce que dans l'individu, au lieu qu'un animal est, au bout de quelques mois, ce qu'il sera toute sa vie, et son espèce, au bout de mille ans, ce qu'elle était la première année de ces mille ans. Pourquoi l'homme seul est-il sujet à devenir imbécile ? N'est-ce point qu'il retourne ainsi dans son état primitif, et que, tandis que la bête, qui n'a rien acquis et qui n'a rien non plus à perdre, reste toujours avec son instinct, l'homme, reperdant par la vieillesse ou d'autres accidents tout ce que *sa perfectibilité* lui avait fait acquérir, retombe ainsi plus bas que la bête même[14] ? Il serait triste pour nous d'être forcés de convenir que cette faculté distinctive, et presque illimitée, est la source de tous les malheurs de l'homme ; que c'est elle qui le tire, à force de temps, de cette condition originaire, dans laquelle il coulerait des jours tranquilles et innocents ; que c'est elle qui, faisant éclore avec les siècles ses lumières et ses erreurs, ses vices et ses vertus, le rend à la longue le tyran de lui-même et de la nature. Il serait affreux d'être obligés de louer comme un être bienfaisant celui qui le premier suggéra à l'habitant des rives de l'Orénoque l'usage de ces ais qu'il applique sur les tempes de ses enfants, et qui leur assurent du moins une partie de leur imbécillité, et de leur bonheur originel.

L'homme sauvage, livré par la nature au seul instinct, ou plutôt dédommagé de celui qui lui manque peut-être par des facultés capables d'y suppléer d'abord, et de l'élever ensuite fort au-dessus de celle-là, commencera donc par les fonctions purement animales : apercevoir et sentir sera son premier état, qui lui sera commun avec tous les animaux. Vouloir et ne pas vouloir, désirer et craindre seront les premières, et presque les seules opérations de son âme, jusqu'à ce que de nouvelles circonstances y causent de nouveaux développements.

Quoi qu'en disent les moralistes, l'entendement humain doit beaucoup aux passions, qui, d'un commun aveu, lui doivent beaucoup aussi : c'est par leur activité que notre raison se perfectionne ; nous ne cherchons à connaître que parce que nous désirons de jouir, et il n'est pas possible de concevoir pourquoi celui qui n'aurait ni désirs ni craintes se donnerait la peine de raisonner. Les passions, à leur tour, tirent leur origine de nos besoins, et leur progrès de nos connaissances ; car on ne peut désirer ou craindre les choses que sur les idées qu'on en peut avoir, ou par la simple impulsion de la nature ; et l'homme sauvage, privé de toute sorte de lumières, n'éprouve que les passions de cette dernière espèce ; ses désirs ne dépassent pas ses besoins physiques ; les seuls biens qu'il connaisse dans l'univers sont la nourriture, une femelle et le repos ; les seuls maux qu'il craigne sont la douleur et la faim ; je dis la douleur et non la mort ; car jamais l'animal ne saura ce que c'est que mourir, et la connaissance de la mort, et de ses terreurs, est une des premières acquisitions que l'homme ait faites, en s'éloignant de la condition animale.

Il me serait aisé, si cela m'était nécessaire, d'appuyer ce sentiment par les faits, et de faire voir que, chez toutes les nations du monde, les progrès de l'esprit se sont précisément proportionnés aux besoins que les peuples avaient reçus de la nature, ou auxquels les circonstances les avaient assujettis, et par conséquent aux passions qui les portaient à pourvoir à ces besoins. Je montrerais en Égypte les arts naissants, et s'étendant avec les débordements du Nil ; je suivrais leur progrès chez les Grecs, où l'on les vit germer, croître, et s'élever jusqu'aux cieux parmi les sables et les rochers de l'Attique, sans pouvoir prendre racine sur les bords fertiles de l'Eurotas ; je remarquerais qu'en général les peuples du Nord sont plus industrieux que ceux du Midi, parce qu'ils peuvent moins se passer de l'être, comme si la nature voulait ainsi égaliser les choses, en donnant aux esprits la fertilité qu'elle refuse à la terre.

Mais sans recourir aux témoignages incertains de l'Histoire, qui ne voit que tout semble éloigner de l'homme sauvage la tentation et les moyens de cesser de l'être ? Son imagination ne lui peint rien ; son cœur ne lui demande rien. Ses modiques besoins se trouvent si aisément sous la main, et il est si loin du degré de connaissances nécessaires pour désirer d'en acquérir de plus grandes qu'il ne peut avoir ni prévoyance, ni curiosité. Le spectacle de la nature lui devient indifférent, à force de lui devenir familier. C'est toujours le même ordre, ce sont toujours les mêmes révolutions ; il n'a pas l'esprit de s'étonner des plus grandes merveilles ; et ce n'est pas chez lui qu'il faut chercher la philosophie dont l'homme a besoin, pour savoir observer une fois ce qu'il a vu tous les jours. Son âme, que rien n'agite, se livre au seul sentiment de son existence actuelle, sans aucune idée de l'avenir, quelque prochain qu'il puisse être, et ses projets, bornés comme ses vues, s'étendent à peine jusqu'à la fin de la journée. Tel est encore aujourd'hui le degré de prévoyance du Caraïbe : il vend le matin son lit de coton, et vient pleurer le soir pour le racheter, faute d'avoir prévu qu'il en aurait besoin pour la nuit prochaine.

Plus on médite sur ce sujet, plus la distance des pures sensations aux plus simples connaissances s'agrandit à nos regards ; et il est impossible de concevoir comment un homme aurait pu par ses seules forces, sans le secours de la communication, et sans l'aiguillon de la nécessité, franchir un si grand intervalle. Combien de siècles se sont peut-être écoulés, avant que les hommes aient été à portée de voir d'autre feu que celui du ciel ? Combien ne leur a-t-il pas fallu de différents hasards pour apprendre les usages les plus communs de cet élément ? Combien de fois ne l'ont-ils pas laissé éteindre, avant que d'avoir acquis l'art de le reproduire ? Et combien de fois peut-être chacun de ces secrets n'est-il pas mort avec celui qui l'avait découvert ? Que dirons-nous de l'agriculture, art qui demande tant de travail et de prévoyance ; qui tient à d'autres arts, qui très évidemment n'est praticable que dans une société au moins commencée, et qui ne nous sert pas tant à tirer de la terre des aliments qu'elle fournirait bien sans cela qu'à la forcer aux préférences qui sont le plus de notre goût? Mais supposons que les hommes eussent tellement multiplié que les productions naturelles n'eussent plus suffi pour les nourrir; supposition qui, pour le dire en passant, montrerait un grand avantage pour l'espèce humaine dans cette manière de vivre; supposons que sans forges, et sans ateliers, les instruments du labourage fussent tombés du ciel entre les mains des sauvages; que ces hommes eussent vaincu la haine mortelle qu'ils ont tous pour un travail continu; qu'ils eussent appris à prévoir de si loin leurs besoins, qu'ils eussent deviné comment il faut cultiver la terre, semer les grains, et planter les arbres; qu'ils eussent trouvé l'art de moudre le blé, et de mettre le raisin en fermentation; toutes choses qu'il leur a fallu faire enseigner par les dieux, faute de concevoir comment ils les auraient apprises d'eux-mêmes; quel serait après cela l'homme assez insensé pour se tourmenter à la culture d'un champ qui sera dépouillé par le premier venu, homme ou bête indifféremment, à qui cette moisson conviendra; et comment chacun pourra-t-il se résoudre à passer sa vie à un travail pénible, dont il est d'autant plus sûr de ne pas recueillir le prix qu'il lui sera plus nécessaire? En un mot, comment cette situation pourra-t-elle porter les hommes à cultiver la terre, tant qu'elle ne sera point partagée entre eux, c'est-à-dire tant que l'état de nature ne sera point anéanti?

Quand nous voudrions supposer un homme sauvage aussi habile dans l'art de penser que nous le font nos philosophes; quand nous en ferions, à leur exemple, un philosophe lui-même, découvrant seul les plus sublimes vérités, se faisant, par des suites de raisonnements très abstraits, des maximes de justice et de raison tirées de l'amour de l'ordre en général, ou de la volonté connue de son Créateur : en un mot, quand nous lui supposerions dans l'esprit autant d'intelligence et de lumières qu'il doit avoir, et qu'on lui trouve en effet de pesanteur et de stupidité, quelle utilité retirerait l'espèce de toute cette métaphysique, qui ne pourrait se communiquer et qui périrait avec l'individu qui l'aurait inventée? Quel progrès pourrait faire le genre humain épars dans les bois parmi les animaux? Et jusqu'à quel point pourraient se perfectionner, et s'éclairer mutuellement des hommes qui, n'ayant ni domicile fixe ni aucun besoin l'un de l'autre, se rencontreraient, peut-être à peine deux fois en leur vie, sans se connaître, et sans se parler?

Qu'on songe de combien d'idées nous sommes redevables à l'usage de la parole; combien la grammaire exerce et facilite les opérations de l'esprit, et qu'on pense aux peines inconcevables, et au temps infini qu'a dû coûter la première invention des langues; qu'on joigne ces réflexions aux précédentes, et l'on jugera combien il eût fallu de milliers de siècles, pour développer successivement dans l'esprit humain les opérations dont il était capable.

Qu'il me soit permis de considérer un instant les embarras de l'origine des langues. Je pourrais me contenter de citer ou de répéter ici les recherches que M. l'abbé de Condillac[15] a faites sur cette matière, qui toutes confirment pleinement mon sentiment, et qui, peut-être, m'en ont donné la première idée. Mais la manière dont ce philosophe résout les difficultés qu'il se fait à lui-même sur l'origine des signes institués, montrant qu'il a supposé ce que je mets en question, savoir une sorte de société déjà établie entre les inventeurs du langage, je crois en renvoyant à ses réflexions devoir y joindre les miennes pour exposer les mêmes difficultés dans le jour qui convient à mon sujet. La première qui se présente est d'imaginer comment elles purent devenir nécessaires ; car les hommes n'ayant nulle correspondance entre eux, ni aucun besoin d'en avoir, on ne conçoit ni la nécessité de cette invention, ni sa possibilité, si elle ne fut pas indispensable. Je dirais bien, comme beaucoup d'autres, que les langues sont nées dans le commerce domestique des pères, des mères, et des enfants : mais outre que cela ne résoudrait point les objections, ce serait commettre la faute de ceux qui, raisonnant sur l'état de nature, y transportent les idées prises dans la société, voient toujours la famille rassemblée dans une même habitation, et ses membres gardant entre eux une union aussi intime et aussi permanente que parmi nous, où tant d'intérêts communs les réunissent ; au lieu que dans cet état primitif, n'ayant ni maison, ni cabane, ni propriété d'aucune espèce, chacun se logeait au hasard, et souvent pour une seule nuit ; les mâles et les femelles s'unissaient fortuitement selon la rencontre, l'occasion, et le désir, sans que la parole fût un interprète fort nécessaire des choses qu'ils avaient à se dire : ils se quittaient avec la même facilité ; la mère allaitait d'abord ses enfants pour son propre besoin ; puis l'habitude les lui ayant rendus chers, elle les nourrissait ensuite pour le leur ; sitôt qu'ils avaient la force de chercher leur pâture, ils ne tardaient pas à quitter la mère elle-même ; et comme il n'y avait presque point d'autre moyen de se retrouver que de ne pas se perdre de vue, ils en étaient bientôt au point de ne pas même se reconnaître les uns les autres. Remarquez encore que l'enfant ayant tous ses besoins à expliquer, et par conséquent plus de choses à dire à la mère que la mère à l'enfant, c'est lui qui doit faire les plus grands frais de l'invention, et que la langue qu'il emploie doit être en grande partie son propre ouvrage ; ce qui multiplie autant les langues qu'il y a d'individus pour les parler, à quoi contribue encore la vie errante et vagabonde qui ne laisse à aucun idiome le temps de prendre de la consistance ; car de dire que la mère dicte à l'enfant les mots dont il devra se servir pour lui demander telle ou telle chose, cela montre bien comment on enseigne des langues déjà formées, mais cela n'apprend point comment elles se forment.

Supposons cette première difficulté vaincue : franchissons pour un moment l'espace immense qui dut se trouver entre le pur état de nature et le besoin des langues ; et cherchons, en les supposant nécessaires, comment elles purent commencer à s'établir. Nouvelle difficulté pire encore que la précédente ; car si les hommes ont eu besoin de la parole pour apprendre à penser, ils ont eu bien plus besoin encore de savoir penser pour trouver l'art de la parole ; et quand on comprendrait comment les sons de la voix ont été pris pour les interprètes conventionnels de nos idées, il resterait toujours à savoir quels ont pu être les interprètes mêmes de cette convention pour les idées qui, n'ayant point un objet sensible, ne pouvaient s'indiquer ni par le geste, ni par la voix, de sorte qu'à peine peut-on former des conjectures supportables sur la naissance de cet art de communiquer ses pensées, et d'établir un commerce entre les esprits : art sublime qui est déjà si loin de son origine, mais que le philosophe voit encore à une si prodigieuse distance de sa perfection qu'il n'y a point d'homme assez hardi pour assurer qu'il y arriverait jamais, quand les révolutions que le temps amène nécessairement seraient suspendues en sa faveur, que les préjugés sortiraient des académies ou se tairaient devant elles, et qu'elles pourraient s'occuper de cet objet épineux, durant des siècles entiers sans interruption.

Le premier langage de l'homme, le langage le plus universel, le plus énergique, et le seul dont il eut besoin, avant qu'il fallût persuader des hommes assemblés, est le cri de la nature. Comme ce cri n'était arraché que par une sorte d'instinct dans les occasions pressantes, pour implorer du secours dans les grands dangers, ou du soulagement dans les maux violents, il n'était pas d'un grand usage dans le cours ordinaire de la vie, où règnent des sentiments plus modérés. Quand les idées des hommes commencèrent à s'étendre et à se multiplier, et qu'il s'établit entre eux une communication plus étroite, ils cherchèrent des signes plus nombreux et un langage plus étendu ; ils multiplièrent les inflexions de la voix, et y joignirent les gestes, qui, par leur nature, sont plus expressifs, et dont le sens dépend moins d'une détermination antérieure. Ils exprimaient donc les objets visibles et mobiles par des gestes, et ceux qui frappent l'ouïe, par des sons imitatifs : mais comme le geste n'indique guère que les objets présents, ou faciles à décrire, et les actions visibles ; qu'il n'est pas d'un usage universel, puisque l'obscurité, ou l'interposition d'un corps le rendent inutile, et qu'il exige l'attention plutôt qu'il ne l'excite, on s'avisa enfin de lui substituer les articulations de la voix, qui, sans avoir le même rapport avec certaines idées, sont plus propres à les représenter toutes, comme signes institués ; substitution qui ne put se faire que d'un commun consentement, et d'une manière assez difficile à pratiquer pour les hommes dont les organes grossiers n'avaient encore aucun exercice, et plus difficile encore à concevoir en elle-même, puisque cet accord unanime dut être motivé, et que la parole paraît avoir été fort nécessaire, pour établir l'usage de la parole.

On doit juger que les premiers mots, dont les hommes firent usage, eurent dans leur esprit une signification beaucoup plus étendue que n'ont ceux qu'on emploie dans les langues déjà formées, et qu'ignorant la division du discours en ses parties constitutives, ils donnèrent d'abord à chaque mot le sens d'une proposition entière. Quand ils commencèrent à distinguer le sujet avec l'attribut, et le verbe d'avec le nom, ce qui ne fut pas un médiocre effort de génie, les substantifs ne furent d'abord qu'autant de noms propres, l'infinitif fut le seul temps des verbes, et à l'égard des adjectifs la notion ne s'en dut développer que fort difficilement, parce que tout adjectif est un mot abstrait, et que les abstractions sont des opérations pénibles, et peu naturelles.

Chaque objet reçut d'abord un nom particulier, sans égard aux genres, et aux espèces, que ces premiers instituteurs n'étaient pas en état de distinguer ; et tous les individus se présentèrent isolés à leur esprit, comme ils le sont dans le tableau de la nature. Si un chêne s'appelait A, un autre chêne s'appelait B : de sorte que plus les connaissances étaient bornées, et plus le dictionnaire devint étendu. L'embarras de toute cette nomenclature ne put être levé facilement : car pour ranger les êtres sous des dénominations communes, et génériques, il en fallait connaître les propriétés et les différences ; il fallait des observations, et des définitions, c'est-à-dire de l'histoire naturelle et de la métaphysique, beaucoup plus que les hommes de ce temps-là n'en pouvaient avoir.

D'ailleurs, les idées générales ne peuvent s'introduire dans l'esprit qu'à l'aide des mots, et l'entendement ne les saisit que par des propositions. C'est une des raisons pour quoi les animaux ne sauraient se former de telles idées, ni jamais acquérir la perfectibilité qui en dépend. Quand un singe va sans hésiter d'une noix à l'autre, pense-t-on qu'il ait l'idée générale de cette sorte de fruit, et qu'il compare son archétype à ces deux individus ? Non sans doute ; mais la vue de l'une de ces noix rappelle à sa mémoire les sensations qu'il a reçues de l'autre, et ses yeux, modifiés d'une certaine manière, annoncent à son goût la modification qu'il va recevoir. Toute idée générale est purement intellectuelle ; pour peu que l'imagination s'en mêle, l'idée devient aussitôt particulière. Essayez de vous tracer l'image d'un arbre en général, jamais vous n'en viendrez à bout, malgré vous il faudra le voir petit ou grand, rare ou touffu, clair ou foncé, et s'il dépendait de vous de n'y voir que ce qui se trouve en tout arbre, cette image ne ressemblerait plus à un arbre. Les êtres purement abstraits se voient de même, ou ne se conçoivent que par le discours. La définition seule du triangle vous en donne la véritable idée : sitôt que vous en figurez un dans votre esprit, c'est un tel triangle et non pas un autre, et vous ne pouvez éviter d'en rendre les lignes sensibles ou le plan coloré. Il faut donc énoncer des propositions, il faut donc parler pour avoir des idées générales ; car sitôt que l'imagination s'arrête, l'esprit ne marche plus qu'à l'aide du discours. Si donc les premiers inventeurs n'ont pu donner des noms qu'aux idées qu'ils avaient déjà, il s'ensuit que les premiers substantifs n'ont pu jamais être que des noms propres.

Mais lorsque, par des moyens que je ne conçois pas, nos nouveaux grammairiens commencèrent à étendre leurs idées et à généraliser leurs mots, l'ignorance des inventeurs dut assujettir cette méthode à des bornes fort étroites ; et comme ils avaient d'abord trop multiplié les noms des individus faute de connaître les genres et les espèces, ils firent ensuite trop peu d'espèces et de genres faute d'avoir considéré les êtres par toutes leurs différences. Pour pousser les divisions assez loin, il eût fallu plus d'expérience et de lumière qu'ils n'en pouvaient avoir, et plus de recherches et de travail qu'ils n'y en voulaient employer. Or si, même aujourd'hui, l'on découvre chaque jour de nouvelles espèces qui avaient échappé jusqu'ici à toutes nos observations, qu'on pense combien il dut s'en dérober à des hommes qui ne jugeaient des choses que sur le premier aspect! Quant aux classes primitives et aux notions les plus générales, il est superflu d'ajouter qu'elles durent leur échapper encore : comment, par exemple, auraient-ils imaginé ou entendu les mots de matière, d'esprit, de substance, de mode, de figure, de mouvement, puisque nos philosophes qui s'en servent depuis si longtemps ont bien de la peine à les entendre eux-mêmes, et que les idées qu'on attache à ces mots étant purement métaphysiques, ils n'en trouvaient aucun modèle dans la nature?

Je m'arrête à ces premiers pas, et je supplie mes juges de suspendre ici leur lecture; pour considérer, sur l'invention des seuls substantifs physiques, c'est-à-dire sur la partie de la langue la plus facile à trouver, le chemin qui lui reste à faire, pour exprimer toutes les pensées des hommes, pour prendre une forme constante, pouvoir être parlée en public, et influer sur la société. Je les supplie de réfléchir à ce qu'il a fallu de temps et de connaissances pour trouver les nombres, les mots abstraits, les aoristes, et tous les temps des verbes, les particules, la syntaxe, lier les propositions, les raisonnements, et former toute la logique du discours. Quant à moi, effrayé des difficultés qui se multiplient, et convaincu de l'impossibilité presque démontrée que les langues aient pu naître et s'établir par des moyens purement humains, je laisse à qui voudra l'entreprendre la discussion de ce difficile problème, lequel a été le plus nécessaire, de la société déjà liée à l'institution des langues, ou des langues déjà inventées à l'établissement de la société.

Quoi qu'il en soit de ces origines, on voit du moins, au peu de soin qu'a pris la nature de rapprocher les hommes par des besoins mutuels, et de leur faciliter l'usage de la parole, combien elle a peu préparé leur sociabilité, et combien elle a peu mis du sien dans tout ce qu'ils ont fait, pour en établir les liens. En effet, il est impossible d'imaginer pourquoi, dans cet état primitif, un homme aurait plutôt besoin d'un autre homme qu'un singe ou un loup de son semblable, ni, ce besoin supposé, quel motif pourrait engager l'autre à y pourvoir, ni même, en ce dernier cas, comment ils pourraient convenir entre eux des conditions. Je sais qu'on nous répète sans cesse que rien n'eût été si misérable que l'homme dans cet état ; et s'il est vrai, comme je crois l'avoir prouvé, qu'il n'eût pu qu'après bien des siècles avoir le désir et l'occasion d'en sortir, ce serait un procès à faire à la nature, et non à celui qu'elle aurait ainsi constitué. Mais, si j'entends bien ce terme de *misérable*, c'est un mot qui n'a aucun sens, ou qui ne signifie qu'une privation douloureuse et la souffrance du corps ou de l'âme. Or je voudrais bien qu'on m'expliquât quel peut être le genre de misère d'un être libre dont le cœur est en paix et le corps en santé. Je demande laquelle, de la vie civile ou naturelle, est la plus sujette à devenir insupportable à ceux qui en jouissent ? Nous ne voyons presque autour de nous que des gens qui se plaignent de leur existence, plusieurs même qui s'en privent autant qu'il est en eux, et la réunion des lois divines et humaines suffit à peine pour arrêter ce désordre. Je demande si jamais on a ouï dire qu'un sauvage en liberté ait seulement songé à se plaindre de la vie et à se donner la mort ? Qu'on juge donc avec moins d'orgueil de quel côté est la véritable misère. Rien au contraire n'eût été si misérable que l'homme sauvage, ébloui par des lumières, tourmenté par des passions, et raisonnant sur un état différent du sien. Ce fut par une Providence très sage que les facultés qu'il avait en puissance ne devaient se développer qu'avec les occasions de les exercer, afin qu'elles ne lui fussent ni superflues et à charge avant le temps, ni tardives, et inutiles au besoin. Il avait dans le seul instinct tout ce qu'il fallait pour vivre dans l'état de nature, il n'a dans une raison cultivée que ce qu'il lui faut pour vivre en société.

Il paraît d'abord que les hommes dans cet état n'ayant entre eux aucune sorte de relation morale, ni de devoirs connus, ne pouvaient être ni bons ni méchants, et n'avaient ni vices ni vertus, à moins que, prenant ces mots dans un sens physique, on n'appelle vices dans l'individu les qualités qui peuvent nuire à sa propre conservation, et vertus celles qui peuvent y contribuer ; auquel cas, il faudrait appeler le plus vertueux celui qui résisterait le moins aux simples impulsions de la nature. Mais sans nous écarter du sens ordinaire, il est à propos de suspendre le jugement que nous pourrions porter sur une telle situation, et de nous défier de nos préjugés, jusqu'à ce que, la balance à la main, on ait examiné s'il y a plus de vertus que de vices parmi les hommes civilisés, ou si leurs vertus sont plus avantageuses que leurs vices ne sont funestes, ou si le progrès de leurs connaissances est un dédommagement suffisant des maux qu'ils se font mutuellement, à mesure qu'ils s'instruisent du bien qu'ils devraient se faire, ou s'ils ne seraient pas, à tout prendre, dans une situation plus heureuse de n'avoir ni mal à craindre ni bien à espérer de personne que de s'être soumis à une dépendance universelle, et de s'obliger à tout recevoir de ceux qui ne s'obligent à leur rien donner.

N'allons pas surtout conclure avec Hobbes que pour n'avoir aucune idée de la bonté, l'homme soit naturellement méchant, qu'il soit vicieux parce qu'il ne connaît pas la vertu, qu'il refuse toujours à ses semblables des services qu'il ne croit pas leur devoir, ni qu'en vertu du droit qu'il s'attribue avec raison aux choses dont il a besoin, il s'imagine follement être le seul propriétaire de tout l'univers. Hobbes a très bien vu le défaut de toutes les définitions modernes du droit naturel : mais les conséquences qu'il tire de la sienne montrent qu'il la prend dans un sens qui n'est pas moins faux. En raisonnant sur les principes qu'il établit, cet auteur devait dire que l'état de nature étant celui où le soin de notre conservation est le moins préjudiciable à celle d'autrui, cet état était par conséquent le plus propre à la paix, et le plus convenable au genre humain. Il dit précisément le contraire, pour avoir fait entrer mal à propos dans le soin de la conservation de l'homme sauvage le besoin de satisfaire une multitude de passions qui sont l'ouvrage de la société, et qui ont rendu les lois nécessaires. Le méchant, dit-il, est un enfant robuste ; il reste à savoir si l'homme sauvage est un enfant robuste. Quand on le lui accorderait, qu'en conclurait-il ? Que si, quand il est robuste, cet homme était aussi dépendant des autres que quand il est faible, il n'y a sorte d'excès auxquels il ne se portât, qu'il ne battît sa mère lorsqu'elle tarderait trop à lui donner la mamelle, qu'il n'étranglât un de ses jeunes frères lorsqu'il en serait incommodé, qu'il ne mordît la jambe à l'autre lorsqu'il en serait heurté ou troublé ; mais ce sont deux suppositions contradictoires dans l'état de nature qu'être robuste et dépendant ; l'homme est faible quand il est dépendant, et il est émancipé avant que d'être robuste. Hobbes n'a pas vu que la même cause qui empêche les sauvages d'user de leur raison, comme le prétendent nos jurisconsultes, les empêche en même temps d'abuser de leurs facultés, comme il le prétend lui-même ; de sorte qu'on pourrait dire que les sauvages ne sont pas méchants précisément parce qu'ils ne savent pas ce que c'est qu'être bons ; car ce n'est ni le développement des lumières, ni le frein de la loi, mais le calme des passions et l'ignorance du vice qui les empêchent de mal faire; *Tanto plus in illis proficit vitiorum ignoratio, quam in his cognitio virtutis*[16]. Il y a d'ailleurs un autre principe que Hobbes n'a point aperçu et qui, ayant été donné à l'homme pour adoucir, en certaines circonstances, la férocité de son amour-propre, ou le désir de se conserver avant la naissance de cet amour, tempère l'ardeur qu'il a pour son bien-être par une répugnance innée à voir souffrir son semblable. Je ne crois pas avoir aucune contradiction à craindre, en accordant à l'homme la seule vertu naturelle, qu'ait été forcé de reconnaître le détracteur le plus outré des vertus humaines. Je parle de la pitié, disposition convenable à des êtres aussi faibles, et sujets à autant de maux que nous le sommes; vertu d'autant plus universelle et d'autant plus utile à l'homme qu'elle précède en lui l'usage de toute réflexion, et si naturelle que les bêtes mêmes en donnent quelquefois des signes sensibles. Sans parler de la tendresse des mères pour leurs petits, et des périls qu'elles bravent pour les en garantir, on observe tous les jours la répugnance qu'ont les chevaux à fouler aux pieds un corps vivant; un animal ne passe point sans inquiétude auprès d'un animal mort de son espèce; il y en a même qui leur donnent une sorte de sépulture; et les tristes mugissements du bétail entrant dans une boucherie annoncent l'impression qu'il reçoit de l'horrible spectacle qui le frappe. On voit avec plaisir l'auteur de la fable des *Abeilles*[17], forcé de reconnaître l'homme pour un être compatissant et sensible, sortir, dans l'exemple qu'il en donne, de son style froid et subtil, pour nous offrir la pathétique image d'un homme enfermé qui aperçoit au-dehors une bête féroce arrachant un enfant du sein de sa mère, brisant sous sa dent meurtrière les faibles membres, et déchirant de ses ongles les entrailles palpitantes de cet enfant. Quelle affreuse agitation n'éprouve point ce témoin d'un événement auquel il ne prend aucun intérêt personnel ? Quelles angoisses ne souffre-t-il pas à cette vue, de ne pouvoir porter aucun secours à la mère évanouie, ni à l'enfant expirant ?

Tel est le pur mouvement de la nature, antérieur à toute réflexion : telle est la force de la pitié naturelle, que les mœurs les plus dépravées ont encore peine à détruire, puisqu'on voit tous les jours dans nos spectacles s'attendrir et pleurer aux malheurs d'un infortuné tel, qui, s'il était à la place du tyran, aggraverait encore les tourments de son ennemi. Mandeville a bien senti qu'avec toute leur morale les hommes n'eussent jamais été que des monstres, si la nature ne leur eût donné la pitié à l'appui de la raison : mais il n'a pas vu que de cette seule qualité découlent toutes les vertus sociales qu'il veut disputer aux hommes. En effet, qu'est-ce que la générosité, la clémence, l'humanité, sinon la pitié appliquée aux faibles, aux coupables, ou à l'espèce humaine en général ? La bienveillance et l'amitié même sont, à le bien prendre, des productions d'une pitié constante, fixée sur un objet particulier : car désirer que quelqu'un ne souffre point, qu'est-ce autre chose que désirer qu'il soit heureux ? Quand il serait vrai que la commisération ne serait qu'un sentiment qui nous met à la place de celui qui souffre, sentiment obscur et vif dans l'homme sauvage, développé, mais faible dans l'homme civil, qu'importerait cette idée à la vérité de ce que je dis, sinon de lui donner plus de force ? En effet, la commisération sera d'autant plus énergique que l'animal spectateur s'identifiera plus intimement avec l'animal souffrant. Or il est évident que cette identification a dû être infiniment plus étroite dans l'état de nature que dans l'état de raisonnement. C'est la raison qui engendre l'amour-propre[18], et c'est la réflexion qui le fortifie ; c'est elle qui replie l'homme sur lui-même ; c'est elle qui le sépare de tout ce qui le gêne et l'afflige : c'est la philosophie qui l'isole ; c'est par elle qu'il dit en secret, à l'aspect d'un homme souffrant : péris si tu veux, je suis en sûreté. Il n'y a plus que les dangers de la société entière qui troublent le sommeil tranquille du philosophe, et qui l'arrachent de son lit. On peut impunément égorger son semblable sous sa fenêtre ; il n'a qu'à mettre ses mains sur ses oreilles et s'argumenter un peu pour empêcher la nature qui se révolte en lui de l'identifier avec celui qu'on assassine. L'homme sauvage n'a point cet admirable talent ; et faute de sagesse et de raison, on le voit toujours se livrer étourdiment au premier sentiment de l'humanité. Dans les émeutes, dans les querelles des rues, la populace s'assemble, l'homme prudent s'éloigne : c'est la canaille, ce sont les femmes des halles, qui séparent les combattants, et qui empêchent les honnêtes gens de s'entr'égorger.

Il est donc certain que la pitié est un sentiment naturel, qui, modérant dans chaque individu l'activité de l'amour de soi-même, concourt à la conservation mutuelle de toute l'espèce. C'est elle qui nous porte sans réflexion au secours de ceux que nous voyons souffrir : c'est elle qui, dans l'état de nature, tient lieu de lois, de mœurs, et de vertu, avec cet avantage que nul n'est tenté de désobéir à sa douce voix : c'est elle qui détournera tout sauvage robuste d'enlever à un faible enfant, ou à un vieillard infirme, sa subsistance acquise avec peine, si lui-même espère pouvoir trouver la sienne ailleurs ; c'est elle qui, au lieu de cette maxime sublime de justice raisonnée : *fais à autrui comme tu veux qu'on te fasse*, inspire à tous les hommes cette autre maxime de bonté naturelle bien moins parfaite, mais plus utile peut-être que la précédente : *Fais ton bien avec le moindre mal d'autrui qu'il est possible.*

C'est, en un mot, dans ce sentiment naturel, plutôt que dans des arguments subtils, qu'il faut chercher la cause de la répugnance que tout homme éprouverait à mal faire, même indépendamment des maximes de l'éducation. Quoiqu'il puisse appartenir à Socrate, et aux esprits de sa trempe, d'acquérir de la vertu par raison, il y a longtemps que le genre humain ne serait plus, si sa conservation n'eût dépendu que des raisonnements de ceux qui le composent.

Avec des passions si peu actives, et un frein si salutaire, les hommes plutôt farouches que méchants, et plus attentifs à se garantir du mal qu'ils pouvaient recevoir que tentés d'en faire à autrui, n'étaient pas sujets à des démêlés fort dangereux : comme ils n'avaient entre eux aucune espèce de commerce, qu'ils ne connaissaient par conséquent ni la vanité, ni la considération, ni l'estime, ni le mépris, qu'ils n'avaient pas la moindre notion du tien et du mien, ni aucune véritable idée de la justice, qu'ils regardaient les violences qu'ils pouvaient essuyer comme un mal facile à réparer, et non comme une injure qu'il faut punir, et qu'ils ne songeaient pas même à la vengeance si ce n'est peut-être machinalement et sur-le-champ, comme le chien qui mord la pierre qu'on lui jette, leurs disputes eussent eu rarement des suites sanglantes, si elles n'eussent point eu de sujets plus sensibles que la pâture : mais j'en vois un plus dangereux, dont il me reste à parler.

Parmi les passions qui agitent le cœur de l'homme, il en est une ardente, impétueuse, qui rend un sexe nécessaire à l'autre, passion terrible qui brave tous les dangers, renverse tous les obstacles, et qui dans ses fureurs semble propre à détruire le genre humain qu'elle est destinée à conserver. Que deviendront les hommes en proie à cette rage effrénée et brutale, sans pudeur, sans

Discours sur l'origine de l'inégalité

retenue, et se disputant chaque jour leurs amours au prix de leur sang[19] ?

Il faut convenir d'abord que plus les passions sont violentes, plus les lois sont nécessaires pour les contenir : mais outre que les désordres et les crimes que celles-ci causent tous les jours parmi nous montrent assez l'insuffisance des lois à cet égard, il serait encore bon d'examiner si ces désordres ne sont point nés avec les lois mêmes; car alors, quand elles seraient capables de les réprimer, ce serait bien le moins qu'on en dût exiger que d'arrêter un mal qui n'existerait point sans elles.

Commençons par distinguer le moral du physique dans le sentiment de l'amour. Le physique est ce désir général qui porte un sexe à s'unir à l'autre; le moral est ce qui détermine ce désir et le fixe sur un seul objet exclusivement, ou qui du moins lui donne pour cet objet préféré un plus grand degré d'énergie. Or il est facile de voir que le moral de l'amour est un sentiment factice ; né de l'usage de la société, et célébré par les femmes avec beaucoup d'habileté et de soin pour établir leur empire, et rendre dominant le sexe qui devrait obéir. Ce sentiment étant fondé sur certaines notions du mérite ou de la beauté qu'un sauvage n'est point en état d'avoir, et sur des comparaisons qu'il n'est point en état de faire, doit être presque nul pour lui. Car comme son esprit n'a pu se former des idées abstraites de régularité et de proportion, son cœur n'est point non plus susceptible des sentiments d'admiration et d'amour qui, même sans qu'on s'en aperçoive, naissent de l'application de ces idées ; il écoute uniquement le tempérament qu'il a reçu de la nature, et non le goût qu'il n'a pu acquérir, et toute femme est bonne pour lui.

Bornés au seul physique de l'amour, et assez heureux pour ignorer ces préférences qui en irritent le sentiment et en augmentent les difficultés, les hommes doivent sentir moins fréquemment et moins vivement les ardeurs du tempérament et par conséquent avoir entre eux des disputes plus rares, et moins cruelles. L'imagination, qui fait tant de ravages parmi nous, ne parle point à des cœurs sauvages ; chacun attend paisiblement l'impulsion de la nature, s'y livre sans choix, avec plus de plaisir que de fureur, et le besoin satisfait, tout le désir est éteint.

C'est donc une chose incontestable que l'amour même, ainsi que toutes les autres passions, n'a acquis que dans la société cette ardeur impétueuse qui le rend si souvent funeste aux hommes, et il est d'autant plus ridicule de représenter les sauvages comme s'entr'égorgeant sans cesse pour assouvir leur brutalité, que cette opinion est directement contraire à l'expérience, et que les Caraïbes, celui de tous les peuples existants qui jusqu'ici s'est écarté le moins de l'état de nature, sont précisément les plus paisibles dans leurs amours, et les moins sujets à la jalousie quoique vivant sous un climat brûlant qui semble toujours donner à ces passions une plus grande activité.

À l'égard des inductions qu'on pourrait tirer, dans plusieurs espèces d'animaux, des combats des mâles qui ensanglantent en tout temps nos basses-cours ou qui font retentir au printemps nos forêts de leurs cris en se disputant la femelle, il faut commencer par exclure toutes les espèces où la nature a manifestement établi dans la puissance relative des sexes d'autres rapports que parmi nous : ainsi les combats des coqs ne forment point une induction pour l'espèce humaine. Dans les espèces où la proportion est mieux observée, ces combats ne peuvent avoir pour causes que la rareté des femelles eu égard au nombre des mâles, ou les intervalles exclusifs durant lesquels la femelle refuse constamment l'approche du mâle, ce qui revient à la première cause; car si chaque femelle ne souffre le mâle que durant deux mois de l'année, c'est à cet égard comme si le nombre des femelles était moindre des cinq sixièmes. Or aucun de ces deux cas n'est applicable à l'espèce humaine où le nombre des femelles surpasse généralement celui des mâles, et où l'on n'a jamais observé que même parmi les sauvages les femelles aient, comme celles des autres espèces, des temps de chaleur et d'exclusion. De plus parmi plusieurs de ces animaux, toute l'espèce entrant à la fois en effervescence, il vient un moment terrible d'ardeur commune, de tumulte, de désordre, et de combat : moment qui n'a point lieu parmi l'espèce humaine où l'amour n'est jamais périodique. On ne peut donc pas conclure des combats de certains animaux pour la possession des femelles que la même chose arriverait à l'homme dans l'état de nature; et quand même on pourrait tirer cette conclusion, comme ces dissensions ne détruisent point les autres espèces, on doit penser au moins qu'elles ne seraient pas plus funestes à la nôtre, et il est très apparent qu'elles y causeraient encore moins de ravage qu'elles ne font dans la société, surtout dans les pays où les mœurs étant encore comptées pour quelque chose, la jalousie des amants et la vengeance des époux causent chaque jour des duels, des meurtres, et pis encore; où le devoir d'une éternelle fidélité ne sert qu'à faire des adultères, et où les lois mêmes de la continence et de l'honneur étendent nécessairement la débauche, et multiplient les avortements.

Concluons qu'errant dans les forêts sans industrie, sans parole, sans domicile, sans guerre, et sans liaisons, sans nul besoin de ses semblables, comme sans nul désir de leur nuire, peut-être même sans jamais en reconnaître aucun individuellement, l'homme sauvage sujet à peu de passions, et se suffisant à lui-même, n'avait que les sentiments et les lumières propres à cet état, qu'il ne sentait que ses vrais besoins, ne regardait que ce qu'il croyait avoir intérêt de voir, et que son intelligence ne faisait pas plus de progrès que sa vanité. Si par hasard il faisait quelque découverte, il pouvait d'autant moins la communiquer qu'il ne reconnaissait pas même ses enfants. L'art périssait avec l'inventeur ; il n'y avait ni éducation ni progrès, les générations se multipliaient inutilement ; et chacune partant toujours du même point, les siècles s'écoulaient dans toute la grossièreté des premiers âges, l'espèce était déjà vieille, et l'homme restait toujours enfant.

Si je me suis étendu si longtemps sur la supposition de cette condition primitive, c'est qu'ayant d'anciennes erreurs et des préjugés invétérés à détruire, j'ai cru devoir creuser jusqu'à la racine, et montrer dans le tableau du véritable état de nature combien l'inégalité, même naturelle, est loin d'avoir dans cet état autant de réalité et d'influence que le prétendent nos écrivains.

En effet, il est aisé de voir qu'entre les différences qui distinguent les hommes, plusieurs passent pour naturelles qui sont uniquement l'ouvrage de l'habitude et des divers genres de vie que les hommes adoptent dans la société. Ainsi un tempérament robuste ou délicat, la force ou la faiblesse qui en dépendent, viennent souvent plus de la manière dure ou efféminée dont on a été élevé que de la constitution primitive des corps. Il en est de même des forces de l'esprit, et non seulement l'éducation met de la différence entre les esprits cultivés et ceux qui ne le sont pas, mais elle augmente celle qui se trouve entre les premiers à proportion de la culture : car qu'un géant et un nain marchent sur la même route, chaque pas qu'ils feront l'un et l'autre donnera un nouvel avantage au géant. Or si l'on compare la diversité prodigieuse d'éducations et de genres de vie qui règne dans les différents ordres de l'état civil avec la simplicité et l'uniformité de la vie animale et sauvage, où tous se nourrissent des mêmes aliments, vivent de la même manière, et font exactement les mêmes choses, on comprendra combien la différence d'homme à homme doit être moindre dans l'état de nature que dans celui de société, et combien l'inégalité naturelle doit augmenter dans l'espèce humaine par l'inégalité d'institution.

Mais quand la nature affecterait dans la distribution de ses dons autant de préférences qu'on le prétend, quel avantage les plus favorisés en tireraient-ils, au préjudice des autres, dans un état de choses qui n'admettrait presque aucune sorte de relation entre eux? Là où il n'y a point d'amour, de quoi servira la beauté? Que sert l'esprit à des gens qui ne parlent point, et la ruse à ceux qui n'ont point d'affaires? J'entends toujours répéter que les plus forts opprimeront les faibles; mais qu'on m'explique ce qu'on veut dire par ce mot d'oppression. Les uns domineront avec violence, les autres gémiront asservis à tous leurs caprices : voilà précisément ce que j'observe parmi nous, mais je ne vois pas comment cela pourrait se dire des hommes sauvages, à qui l'on aurait même bien de la peine à faire entendre ce que c'est que servitude et domination. Un homme pourra bien s'emparer des fruits qu'un autre a cueillis, du gibier qu'il a tué, de l'antre qui lui servait d'asile; mais comment viendra-t-il jamais à bout de s'en faire obéir, et quelles pourront être les chaînes de la dépendance parmi des hommes qui ne possèdent rien? Si l'on me chasse d'un arbre, j'en suis quitte pour aller à un autre; si l'on me tourmente dans un lieu, qui m'empêchera de passer ailleurs? Se trouve-t-il un homme d'une force assez supérieure à la mienne, et, de plus, assez dépravé, assez paresseux et assez féroce pour me contraindre à pourvoir à sa subsistance pendant qu'il demeure oisif ? Il faut qu'il se résolve à ne pas me perdre de vue un seul instant, à me tenir lié avec un très grand soin durant son sommeil, de peur que je ne m'échappe ou que je ne le tue : c'est-à-dire qu'il est obligé de s'exposer volontairement à une peine beaucoup plus grande que celle qu'il veut éviter, et que celle qu'il me donne à moi-même. Après tout cela, sa vigilance se relâche-t-elle un moment ? Un bruit imprévu lui fait-il détourner la tête ? Je fais vingt pas dans la forêt, mes fers sont brisés, et il ne me revoit de sa vie.

Sans prolonger inutilement ces détails, chacun doit voir que, les liens de la servitude n'étant formés que de la dépendance mutuelle des hommes et des besoins réciproques qui les unissent, il est impossible d'asservir un homme sans l'avoir mis auparavant dans le cas de ne pouvoir se passer d'un autre ; situation qui, n'existant pas dans l'état de nature, y laisse chacun libre du joug et rend vaine la loi du plus fort.

Après avoir prouvé que l'inégalité est à peine sensible dans l'état de nature, et que son influence y est presque nulle, il me reste à montrer son origine, et ses progrès dans les développements successifs de l'esprit humain. Après avoir montré que la *perfectibilité*, les vertus sociales et les autres facultés que l'homme naturel avait reçues en puissance ne pouvaient jamais se développer d'elles-mêmes, qu'elles avaient besoin pour cela du concours fortuit de plusieurs causes étrangères qui pouvaient ne jamais naître, et sans lesquelles il fût demeuré éternellement dans sa condition primitive ; il me reste à considérer et à rapprocher les différents hasards qui ont pu perfectionner la raison humaine, en détériorant l'espèce, rendre un être méchant en le rendant sociable, et d'un terme si éloigné amener enfin l'homme et le monde au point où nous les voyons[20].

J'avoue que les événements que j'ai à décrire ayant pu arriver de plusieurs manières, je ne puis me déterminer sur le choix que par des conjectures ; mais outre que ces conjectures deviennent des raisons, quand elles sont les plus probables qu'on puisse tirer de la nature des choses et les seuls moyens qu'on puisse avoir de découvrir la vérité, les conséquences que je veux déduire des miennes ne seront point pour cela conjecturales, puisque, sur les principes que je viens d'établir, on ne saurait former aucun autre système qui ne me fournisse les mêmes résultats, et dont je ne puisse tirer les mêmes conclusions.

Ceci me dispensera d'étendre mes réflexions sur la manière dont le laps de temps compense le peu de vraisemblance des événements ; sur la puissance surprenante des causes très légères lorsqu'elles agissent sans relâche ; sur l'impossibilité où l'on est d'un côté de détruire certaines hypothèses, si de l'autre on se trouve hors d'état de leur donner le degré de certitude des faits ; sur ce que deux faits étant donnés comme réels à lier par une suite de faits intermédiaires, inconnus ou regardés comme tels, c'est à l'histoire, quand on l'a, de donner les faits qui les lient ; c'est à la philosophie, à son défaut, de déterminer les faits semblables qui peuvent les lier ; enfin sur ce qu'en matière d'événements la similitude réduit les faits à un beaucoup plus petit nombre de classes différentes qu'on ne se l'imagine. Il me suffit d'offrir ces objets à la considération de mes juges : il me suffit d'avoir fait en sorte que les lecteurs vulgaires n'eussent pas besoin de les considérer.

Seconde partie

Le premier qui, ayant enclos un terrain, s'avisa de dire : *Ceci est à moi*, et trouva des gens assez simples pour le croire, fut le vrai fondateur de la société civile. Que de crimes, de guerres, de meurtres, que de misères et d'horreurs n'eût point épargnés au genre humain celui qui, arrachant les pieux ou comblant le fossé, eût crié à ses semblables : Gardez-vous d'écouter cet imposteur ; vous êtes perdus, si vous oubliez que les fruits sont à tous, et que la terre n'est à personne. Mais il y a grande apparence qu'alors les choses en étaient déjà venues au point de ne pouvoir plus durer comme elles étaient ; car cette idée de propriété, dépendant de beaucoup d'idées antérieures qui n'ont pu naître que successivement, ne se forma pas tout d'un coup dans l'esprit humain. Il fallut faire bien des progrès, acquérir bien de l'industrie et des lumières, les transmettre et les augmenter d'âge en âge, avant que d'arriver à ce dernier terme de l'état de nature. Reprenons donc les choses de plus haut et tâchons de rassembler sous un seul point de vue cette lente succession d'événements et de connaissances, dans leur ordre le plus naturel.

Le premier sentiment de l'homme fut celui de son existence, son premier soin celui de sa conservation. Les productions de la terre lui fournissaient tous les secours nécessaires, l'instinct le porta à en faire usage.

La faim, d'autres appétits lui faisant éprouver tour à tour diverses manières d'exister, il y en eut une qui l'invita à perpétuer son espèce; et ce penchant aveugle, dépourvu de tout sentiment du cœur, ne produisait qu'un acte purement animal. Le besoin satisfait, les deux sexes ne se reconnaissaient plus, et l'enfant même n'était plus rien à la mère sitôt qu'il pouvait se passer d'elle.

Telle fut la condition de l'homme naissant; telle fut la vie d'un animal borné d'abord aux pures sensations, et profitant à peine des dons que lui offrait la nature, loin de songer à lui rien arracher; mais il se présenta bientôt des difficultés, il fallut apprendre à les vaincre : la hauteur des arbres qui l'empêchait d'atteindre à leurs fruits, la concurrence des animaux qui cherchaient à s'en nourrir, la férocité de ceux qui en voulaient à sa propre vie, tout l'obligea de s'appliquer aux exercices du corps; il fallut se rendre agile, vite à la course, vigoureux au combat. Les armes naturelles que sont les branches d'arbre et les pierres se trouvèrent bientôt sous sa main. Il apprit à surmonter les obstacles de la nature, à combattre au besoin les autres animaux, à disputer sa subsistance aux hommes mêmes, ou à se dédommager de ce qu'il fallait céder au plus fort.

À mesure que le genre humain s'étendit, les peines se multiplièrent avec les hommes. La différence des terrains, des climats, des saisons, put les forcer à en mettre dans leurs manières de vivre. Des années stériles, des hivers longs et rudes, des étés brûlants qui consument tout, exigèrent d'eux une nouvelle industrie. Le long de la mer, et des rivières, ils inventèrent la ligne et l'hameçon, et devinrent pêcheurs et ichtyophages. Dans les forêts ils se firent des arcs et des flèches, et devinrent chasseurs et guerriers. Dans les pays froids ils se couvrirent des peaux des bêtes qu'ils avaient tuées. Le tonnerre, un volcan, ou quelque heureux hasard, leur fit connaître le feu, nouvelle ressource contre la rigueur de l'hiver : ils apprirent à conserver cet élément, puis à le reproduire, et enfin à en préparer les viandes qu'auparavant ils dévoraient crues.

Cette application réitérée des êtres divers à lui-même, et les uns aux autres, dut naturellement engendrer dans l'esprit de l'homme les perceptions de certains rapports. Ces relations que nous exprimons par les mots de grand, de petit, de fort, de faible, de vite, de lent, de peureux, de hardi, et d'autres idées pareilles, comparées au besoin, et presque sans y songer, produisirent enfin chez lui quelque sorte de réflexion, ou plutôt une prudence machinale qui lui indiquait les précautions les plus nécessaires à sa sûreté.

Les nouvelles lumières qui résultèrent de ce développement augmentèrent sa supériorité sur les autres animaux, en la lui faisant connaître. Il s'exerça à leur dresser des pièges, il leur donna le change en mille manières, et quoique plusieurs le surpassassent en force au combat, ou en vitesse à la course, de ceux qui pouvaient lui servir ou lui nuire, il devint avec le temps le maître des uns, et le fléau des autres. C'est ainsi que le premier regard qu'il porta sur lui-même y produisit le premier mouvement d'orgueil ; c'est ainsi que sachant encore à peine distinguer les rangs, et se contemplant au premier par son espèce, il se préparait de loin à y prétendre par son individu.

Quoique ses semblables ne fussent pas pour lui ce qu'ils sont pour nous, et qu'il n'eût guère plus de commerce avec eux qu'avec les autres animaux, ils ne furent pas oubliés dans ses observations. Les conformités que le temps put lui faire apercevoir entre eux, sa femelle et lui-même, le firent juger de celles qu'il n'apercevait pas et, voyant qu'ils se conduisaient tous comme il aurait fait en de pareilles circonstances, il conclut que leur manière de penser et de sentir était entièrement conforme à la sienne, et cette importante vérité, bien établie dans son esprit, lui fit suivre par un pressentiment aussi sûr et plus prompt que la dialectique les meilleures règles de conduite que pour son avantage et sa sûreté il lui convînt de garder avec eux.

Instruit par l'expérience que l'amour du bien-être est le seul mobile des actions humaines, il se trouva en état de distinguer les occasions rares où l'intérêt commun devait le faire compter sur l'assistance de ses semblables, et celles plus rares encore où la concurrence devait le faire défier d'eux. Dans le premier cas il s'unissait avec eux en troupeau, ou tout au plus par quelque sorte d'association libre qui n'obligeait personne, et qui ne durait qu'autant que le besoin passager qui l'avait formée. Dans le second chacun cherchait à prendre ses avantages, soit à force ouverte s'il croyait le pouvoir, soit par adresse et subtilité s'il se sentait le plus faible.

Voilà comment les hommes purent insensiblement acquérir quelque idée grossière des engagements mutuels, et de l'avantage de les remplir, mais seulement autant que pouvait l'exiger l'intérêt présent et sensible; car la prévoyance n'était rien pour eux, et, loin de s'occuper d'un avenir éloigné, ils ne songeaient pas même au lendemain[21]. S'agissait-il de prendre un cerf, chacun sentait bien qu'il devait pour cela garder fidèlement son poste; mais si un lièvre venait à passer à la portée de l'un d'eux, il ne faut pas douter qu'il ne le poursuivît sans scrupule, et qu'ayant atteint sa proie il ne se souciât fort peu de faire manquer la leur à ses compagnons.

Il est aisé de comprendre qu'un pareil commerce n'exigeait pas un langage beaucoup plus raffiné que celui des corneilles ou des singes, qui s'attroupent à peu près de même. Des cris inarticulés, beaucoup de gestes et quelques bruits imitatifs durent composer pendant longtemps la langue universelle, à quoi joignant dans chaque contrée quelques sons articulés et conventionnels dont, comme je l'ai déjà dit, il n'est pas trop facile d'expliquer l'institution, on eut des langues particulières, mais grossières, imparfaites, et telles à peu près qu'en ont encore aujourd'hui diverses nations sauvages. Je parcours comme un trait des multitudes de siècles, forcé par le temps qui s'écoule, par l'abondance des choses que j'ai à dire, et par le progrès presque insensible des commencements ; car plus les événements étaient lents à se succéder, plus ils sont prompts à décrire.

Ces premiers progrès mirent enfin l'homme à portée d'en faire de plus rapides. Plus l'esprit s'éclairait, et plus l'industrie se perfectionna. Bientôt cessant de s'endormir sous le premier arbre, ou de se retirer dans des cavernes, on trouva quelques sortes de haches de pierres dures et tranchantes, qui servirent à couper du bois, creuser la terre et faire des huttes de branchages, qu'on s'avisa ensuite d'enduire d'argile et de boue. Ce fut là l'époque d'une première révolution qui forma l'établissement et la distinction des familles, et qui introduisit une sorte de propriété ; d'où peut-être naquirent déjà bien des querelles et des combats. Cependant comme les plus forts furent vraisemblablement les premiers à se faire des logements qu'ils se sentaient capables de défendre, il est à croire que les faibles trouvèrent plus court et plus sûr de les imiter que de tenter de les déloger ; et quant à ceux qui avaient déjà des cabanes, chacun dut peu chercher à s'approprier celle de son voisin, moins parce qu'elle ne lui appartenait pas que parce qu'elle lui était inutile et qu'il ne pouvait s'en emparer

Discours sur l'origine de l'inégalité

sans s'exposer à un combat très vif avec la famille qui l'occupait.

Les premiers développements du cœur furent l'effet d'une situation nouvelle qui réunissait dans une habitation commune les maris et les femmes, les pères et les enfants ; l'habitude de vivre ensemble fit naître les plus doux sentiments qui soient connus des hommes, l'amour conjugal, et l'amour paternel. Chaque famille devint une petite société d'autant mieux unie que l'attachement réciproque et la liberté en étaient les seuls liens ; et ce fut alors que s'établit la première différence dans la manière de vivre des deux sexes, qui jusqu'ici n'en avaient eu qu'une. Les femmes devinrent plus sédentaires et s'accoutumèrent à garder la cabane et les enfants, tandis que l'homme allait chercher la subsistance commune. Les deux sexes commencèrent aussi par une vie un peu plus molle à perdre quelque chose de leur férocité et de leur vigueur : mais si chacun séparément devint moins propre à combattre les bêtes sauvages, en revanche il fut plus aisé de s'assembler pour leur résister en commun.

Dans ce nouvel état, avec une vie simple et solitaire, des besoins très bornés, et les instruments qu'ils avaient inventés pour y pourvoir, les hommes jouissant d'un fort grand loisir l'employèrent à se procurer plusieurs sortes de commodités inconnues à leurs pères ; et ce fut là le premier joug qu'ils s'imposèrent sans y songer, et la première source de maux qu'ils préparèrent à leurs descendants ; car outre qu'ils continuèrent ainsi à s'amollir le corps et l'esprit, ces commodités ayant par l'habitude perdu presque tout leur agrément, et étant en même temps dégénérées en de vrais besoins, la privation en devint beaucoup plus cruelle que la possession n'en était douce, et l'on était malheureux de les perdre, sans être heureux de les posséder.

On entrevoit un peu mieux ici comment l'usage de la parole s'établit ou se perfectionna insensiblement dans le sein de chaque famille, et l'on peut conjecturer encore comment diverses causes particulières purent étendre le langage, et en accélérer le progrès en le rendant plus nécessaire. Des grandes inondations ou des tremblements de terre environnèrent d'eaux ou de précipices des cantons habités; des révolutions du globe détachèrent et coupèrent en îles des portions du continent. On conçoit qu'entre des hommes ainsi rapprochés et forcés de vivre ensemble, il dut se former un idiome commun plutôt qu'entre ceux qui erraient librement dans les forêts de la terre ferme. Ainsi il est très possible qu'après leurs premiers essais de navigation, des insulaires aient porté parmi nous l'usage de la parole; et il est au moins très vraisemblable que la société et les langues ont pris naissance dans les îles et s'y sont perfectionnées avant que d'être connues dans le continent.

Tout commence à changer de face. Les hommes errant jusqu'ici dans les bois, ayant pris une assiette plus fixe, se rapprochent lentement, se réunissent en diverses troupes, et forment enfin dans chaque contrée une nation particulière, unie de mœurs et de caractères, non par des règlements et des lois, mais par le même genre de vie et d'aliments, et par l'influence commune du climat. Un voisinage permanent ne peut manquer d'engendrer enfin quelque liaison entre diverses familles. De jeunes gens de différents sexes habitent des cabanes voisines, le commerce passager que demande la nature en amène bientôt un autre non moins doux et plus permanent par la fréquentation mutuelle. On s'accoutume à considérer différents objets et à faire des comparaisons; on acquiert insensiblement des idées de mérite et de beauté qui produisent des sentiments de préférence.

Discours sur l'origine de l'inégalité 127

À force de se voir, on ne peut plus se passer de se voir encore. Un sentiment tendre et doux s'insinue dans l'âme, et par la moindre opposition devient une fureur impétueuse : la jalousie s'éveille avec l'amour ; la discorde triomphe et la plus douce des passions reçoit des sacrifices de sang humain.

À mesure que les idées et les sentiments se succèdent, que l'esprit et le cœur s'exercent, le genre humain continue à s'apprivoiser, les liaisons s'étendent et les liens se resserrent. On s'accoutuma à s'assembler devant les cabanes ou autour d'un grand arbre : le chant et la danse, vrais enfants de l'amour et du loisir, devinrent l'amusement ou plutôt l'occupation des hommes et des femmes oisifs et attroupés. Chacun commença à regarder les autres et à vouloir être regardé soi-même, et l'estime publique eut un prix. Celui qui chantait ou dansait le mieux ; le plus beau, le plus fort, le plus adroit ou le plus éloquent devint le plus considéré, et ce fut le premier pas vers l'inégalité, et vers le vice en même temps : de ces premières préférences naquirent d'un côté la vanité et le mépris, de l'autre la honte et l'envie ; et la fermentation causée par ces nouveaux levains produisit enfin des composés funestes au bonheur et à l'innocence.

Sitôt que les hommes eurent commencé à s'apprécier mutuellement et que l'idée de la considération fut formée dans leur esprit, chacun prétendit y avoir droit, et il ne fut plus possible d'en manquer impunément pour personne. De là sortirent les premiers devoirs de la civilité, même parmi les sauvages, et de là tout tort volontaire devint un outrage, parce qu'avec le mal qui résultait de l'injure, l'offensé y voyait le mépris de sa personne souvent plus insupportable que le mal même. C'est ainsi que chacun punissant le mépris qu'on lui avait témoigné d'une manière proportionnée au cas qu'il faisait de lui-même, les vengeances devinrent terribles, et les hommes sanguinaires et cruels. Voilà précisément le degré où étaient parvenus la plupart des peuples sauvages qui nous sont connus ; et c'est faute d'avoir suffisamment distingué les idées, et remarqué combien ces peuples étaient déjà loin du premier état de nature, que plusieurs se sont hâtés de conclure que l'homme est naturellement cruel et qu'il a besoin de police pour l'adoucir, tandis que rien n'est si doux que lui dans son état primitif, lorsque placé par la nature à des distances égales de la stupidité des brutes et des lumières funestes de l'homme civil, et borné également par l'instinct et par la raison à se garantir du mal qui le menace, il est retenu par la pitié naturelle de faire lui-même du mal à personne, sans y être porté par rien, même après en avoir reçu. Car, selon l'axiome du sage Locke, *il ne saurait y avoir d'injure, où il n'y a point de propriété.*

Mais il faut remarquer que la société commencée et les relations déjà établies entre les hommes exigeaient en eux des qualités différentes de celles qu'ils tenaient de leur constitution primitive ; que la moralité commençant à s'introduire dans les actions humaines, et chacun avant les lois étant seul juge et vengeur des offenses qu'il avait reçues, la bonté convenable au pur état de nature n'était plus celle qui convenait à la société naissante ; qu'il fallait que les punitions devinssent plus sévères à mesure que les occasions d'offenser devenaient plus fréquentes, et que c'était à la terreur des vengeances de tenir lieu du frein des lois. Ainsi quoique les hommes fussent devenus moins endurants, et que la pitié naturelle eût déjà souffert quelque altération, cette période du développement des facultés humaines, tenant un juste milieu entre l'indolence de l'état primitif et la pétulante activité de notre amour-propre, dut être l'époque la plus heureuse et la plus durable. Plus on y réfléchit, plus on trouve que cet état était le moins sujet aux révolutions, le meilleur à l'homme, et qu'il n'en a dû sortir que par quelque funeste hasard qui pour l'utilité commune eût dû ne jamais arriver. L'exemple des sauvages qu'on a presque tous trouvés à ce point semble confirmer que le genre humain était fait pour y rester toujours, que cet état est la véritable jeunesse du monde, et que tous les progrès ultérieurs ont été en apparence autant de pas vers la perfection de l'individu, et en effet vers la décrépitude de l'espèce.

Tant que les hommes se contentèrent de leurs cabanes rustiques, tant qu'ils se bornèrent à coudre leurs habits de peaux avec des épines ou des arêtes, à se parer de plumes et de coquillages, à se peindre le corps de diverses couleurs, à perfectionner ou embellir leurs arcs et leurs flèches, à tailler avec des pierres tranchantes quelques canots de pêcheurs ou quelques grossiers instruments de musique, en un mot tant qu'ils ne s'appliquèrent qu'à des ouvrages qu'un seul pouvait faire, et qu'à des arts qui n'avaient pas besoin du concours de plusieurs mains, ils vécurent libres, sains, bons et heureux autant qu'ils pouvaient l'être par leur nature, et continuèrent à jouir entre eux des douceurs d'un commerce indépendant : mais dès l'instant qu'un homme eut besoin du secours d'un autre ; dès qu'on s'aperçut qu'il était utile à un seul d'avoir des provisions pour deux, l'égalité disparut, la propriété s'introduisit, le travail devint nécessaire et les vastes forêts se changèrent en des campagnes riantes qu'il fallut arroser à la sueur des hommes, et dans lesquelles on vit bientôt l'esclavage et la misère germer et croître avec les moissons.

La métallurgie et l'agriculture furent les deux arts dont l'invention produisit cette grande révolution. Pour le poète, c'est l'or et l'argent, mais pour le philosophe ce sont le fer et le blé qui ont civilisé les hommes et perdu le genre humain; aussi l'un et l'autre étaient-ils inconnus aux sauvages de l'Amérique qui pour cela sont toujours demeurés tels; les autres peuples semblent même être restés barbares tant qu'ils ont pratiqué l'un de ces arts sans l'autre; et l'une des meilleures raisons peut-être pourquoi l'Europe a été, sinon plus tôt, du moins plus constamment et mieux policée que les autres parties du monde, c'est qu'elle est à la fois la plus abondante en fer et la plus fertile en blé.

Il est très difficile de conjecturer comment les hommes sont parvenus à connaître et employer le fer : car il n'est pas croyable qu'ils aient imaginé d'eux-mêmes de tirer la matière de la mine et de lui donner les préparations nécessaires pour la mettre en fusion avant que de savoir ce qui en résulterait. D'un autre côté on peut d'autant moins attribuer cette découverte à quelque incendie accidentel que les mines ne se forment que dans des lieux arides et dénués d'arbres et de plantes, de sorte qu'on dirait que la nature avait pris des précautions pour nous dérober ce fatal secret. Il ne reste donc que la circonstance extraordinaire de quelque volcan qui, vomissant des matières métalliques en fusion, aura donné aux observateurs l'idée d'imiter cette opération de la nature; encore faut-il leur supposer bien du courage et de la prévoyance pour entreprendre un travail aussi pénible et envisager d'aussi loin les avantages qu'ils en pouvaient retirer; ce qui ne convient guère qu'à des esprits déjà plus exercés que ceux-ci ne le devaient être.

Quant à l'agriculture, le principe en fut connu longtemps avant que la pratique en fût établie, et il n'est guère possible que les hommes sans cesse occupés à tirer leur subsistance des arbres et des plantes n'eussent assez promptement l'idée des voies que la nature emploie pour la génération des végétaux ; mais leur industrie ne se tourna probablement que fort tard de ce côté-là, soit parce que les arbres, qui avec la chasse et la pêche fournissaient à leur nourriture, n'avaient pas besoin de leurs soins, soit faute de connaître l'usage du blé, soit faute d'instruments pour le cultiver, soit faute de prévoyance pour le besoin à venir, soit enfin faute de moyens pour empêcher les autres de s'approprier le fruit de leur travail. Devenus plus industrieux, on peut croire qu'avec des pierres aiguës et des bâtons pointus ils commencèrent par cultiver quelques légumes ou racines autour de leurs cabanes, longtemps avant de savoir préparer le blé, et d'avoir les instruments nécessaires pour la culture en grand, sans compter que, pour se livrer à cette occupation et ensemencer des terres, il faut se résoudre à perdre d'abord quelque chose pour gagner beaucoup dans la suite ; précaution fort éloignée du tour d'esprit de l'homme sauvage qui, comme je l'ai dit, a bien de la peine à songer le matin à ses besoins du soir.

L'invention des autres arts fut donc nécessaire pour forcer le genre humain de s'appliquer à celui de l'agriculture. Dès qu'il fallut des hommes pour fondre et forger le fer, il fallut d'autres hommes pour nourrir ceux-là. Plus le nombre des ouvriers vint à se multiplier, moins il y eut de mains employées à fournir à la subsistance commune, sans qu'il y eût moins de bouches pour la consommer ; et comme il fallut aux uns des denrées en échange de leur fer, les autres trouvèrent enfin le secret d'employer le fer à la multiplication des denrées. De là naquirent d'un côté le labourage et l'agriculture, et de l'autre l'art de travailler les métaux et d'en multiplier les usages[22].

De la culture des terres s'ensuivit nécessairement leur partage, et de la propriété une fois reconnue les premières règles de justice : car pour rendre à chacun le sien, il faut que chacun puisse avoir quelque chose ; de plus les hommes commençant à porter leurs vues dans l'avenir et se voyant tous quelques biens à perdre, il n'y en avait aucun qui n'eût à craindre pour soi la représaille des torts qu'il pouvait faire à autrui. Cette origine est d'autant plus naturelle qu'il est impossible de concevoir l'idée de la propriété naissante d'ailleurs que de la main-d'œuvre ; car on ne voit pas ce que, pour s'approprier les choses qu'il n'a point faites, l'homme y peut mettre de plus que son travail. C'est le seul travail qui donnant droit au cultivateur sur le produit de la terre qu'il a labourée lui en donne par conséquent sur le fonds, au moins jusqu'à la récolte, et ainsi d'année en année, ce qui faisant une possession continue, se transforme aisément en propriété. Lorsque les anciens, dit Grotius, ont donné à Cérès l'épithète de législatrice, et à une fête célébrée en son honneur le nom de Thesmophories, ils ont fait entendre par là que le partage des terres a produit une nouvelle sorte de droit. C'est-à-dire le droit de propriété différent de celui qui résulte de la loi naturelle.

Les choses en cet état eussent pu demeurer égales, si les talents eussent été égaux, et que, par exemple, l'emploi du fer et la consommation des denrées eussent toujours fait une balance exacte ; mais la proportion que rien ne maintenait fut bientôt rompue ; le plus fort faisait plus d'ouvrage ; le plus adroit tirait meilleur parti du sien ; le plus ingénieux trouvait des moyens d'abréger le travail ; le laboureur avait plus besoin de fer, ou le forgeron plus besoin de blé, et en travaillant également, l'un gagnait beaucoup tandis que l'autre avait peine à vivre. C'est ainsi que l'inégalité naturelle se déploie insensiblement avec celle de combinaison et que les différences des hommes, développées par celles des circonstances, se rendent plus sensibles, plus permanentes dans leurs effets, et commencent à influer dans la même proportion sur le sort des particuliers.

Discours sur l'origine de l'inégalité 133

Les choses étant parvenues à ce point, il est facile d'imaginer le reste. Je ne m'arrêterai pas à décrire l'invention successive des autres arts, le progrès des langues, l'épreuve et l'emploi des talents, l'inégalité des fortunes, l'usage ou l'abus des richesses, ni tous les détails qui suivent ceux-ci, et que chacun peut aisément suppléer. Je me bornerai seulement à jeter un coup d'œil sur le genre humain placé dans ce nouvel ordre de choses.

Voilà donc toutes nos facultés développées, la mémoire et l'imagination en jeu, l'amour-propre intéressé, la raison rendue active et l'esprit arrivé presque au terme de la perfection, dont il est susceptible. Voilà toutes les qualités naturelles mises en action, le rang et le sort de chaque homme établi, non seulement sur la quantité des biens et le pouvoir de servir ou de nuire, mais sur l'esprit, la beauté, la force ou l'adresse, sur le mérite ou les talents, et ces qualités étant les seules qui pouvaient attirer de la considération, il fallut bientôt les avoir ou les affecter, il fallut pour son avantage se montrer autre que ce qu'on était en effet. Être et paraître devinrent deux choses tout à fait différentes, et de cette distinction sortirent le faste imposant, la ruse trompeuse, et tous les vices qui en sont le cortège. D'un autre côté, de libre et indépendant qu'était auparavant l'homme, le voilà par une multitude de nouveaux besoins assujetti, pour ainsi dire, à toute la nature, et surtout à ses semblables dont il devient l'esclave en un sens, même en devenant leur maître ; riche, il a besoin de leurs services ; pauvre, il a besoin de leur secours, et la médiocrité ne le met point en état de se passer d'eux. Il faut donc qu'il cherche sans cesse à les intéresser à son sort, et à leur faire trouver en effet ou en apparence leur profit à travailler pour le sien : ce qui le rend fourbe et artificieux avec les uns, impérieux et dur avec les autres, et le met dans la nécessité d'abuser tous ceux dont il a besoin, quand il ne peut s'en faire craindre, et qu'il ne trouve pas son intérêt à les servir utilement. Enfin l'ambition dévorante, l'ardeur d'élever sa fortune relative, moins par un véritable besoin que pour se mettre au-dessus des autres, inspire à tous les hommes un noir penchant à se nuire mutuellement, une jalousie secrète d'autant plus dangereuse que, pour faire son coup plus en sûreté, elle prend souvent le masque de la bienveillance ; en un mot, concurrence et rivalité d'une part, de l'autre opposition d'intérêt, et toujours le désir caché de faire son profit aux dépens d'autrui, tous ces maux sont le premier effet de la propriété et le cortège inséparable de l'inégalité naissante.

Avant qu'on eût inventé les signes représentatifs des richesses, elles ne pouvaient guère consister qu'en terres et en bestiaux, les seuls biens réels que les hommes puissent posséder. Or quand les héritages se furent accrus en nombre et en étendue au point de couvrir le sol entier et de se toucher tous, les uns ne purent plus s'agrandir qu'aux dépens des autres, et les surnuméraires que la faiblesse ou l'indolence avaient empêchés d'en acquérir à leur tour, devenus pauvres sans avoir rien perdu, parce que, tout changeant autour d'eux, eux seuls n'avaient point changé, furent obligés de recevoir ou de ravir leur subsistance de la main des riches, et de là commencèrent à naître, selon les divers caractères des uns et des autres, la domination et la servitude, ou la violence et les rapines. Les riches de leur côté connurent à peine le plaisir de dominer, qu'ils dédaignèrent bientôt tous les autres, et, se servant de leurs anciens esclaves pour en soumettre de nouveaux, ils ne songèrent qu'à subjuguer et asservir leurs voisins ; semblables à ces loups affamés qui ayant une fois goûté de la chair humaine rebutent toute autre nourriture et ne veulent plus que dévorer des hommes.

C'est ainsi que les plus puissants ou les plus misérables, se faisant de leur force ou de leurs besoins une sorte de droit au bien d'autrui, équivalent, selon eux, à celui de propriété, l'égalité rompue fut suivie du plus affreux désordre : c'est ainsi que les usurpations des riches, les brigandages des pauvres, les passions effrénées de tous étouffant la pitié naturelle et la voix encore faible de la justice, rendirent les hommes avares, ambitieux et méchants. Il s'élevait entre le droit du plus fort et le droit du premier occupant un conflit perpétuel qui ne se terminait que par des combats et des meurtres. La société naissante fit place au plus horrible état de guerre : le genre humain avili et désolé, ne pouvant plus retourner sur ses pas ni renoncer aux acquisitions malheureuses qu'il avait faites et ne travaillant qu'à sa honte, par l'abus des facultés qui l'honorent, se mit lui-même à la veille de sa ruine.

Attonitus novitate mali, divesque miserque,
Effugere optat opes, et quæ modo voverat, odit[23].

Il n'est pas possible que les hommes n'aient fait enfin des réflexions sur une situation aussi misérable, et sur les calamités dont ils étaient accablés. Les riches surtout durent bientôt sentir combien leur était désavantageuse une guerre perpétuelle dont ils faisaient seuls tous les frais et dans laquelle le risque de la vie était commun et celui des biens, particulier. D'ailleurs, quelque couleur qu'ils pussent donner à leurs usurpations, ils sentaient assez qu'elles n'étaient établies que sur un droit précaire et abusif et que, n'ayant été acquises que par la force, la force pouvait les leur ôter sans qu'ils eussent raison de s'en plaindre. Ceux mêmes que la seule industrie avait enrichis ne pouvaient guère fonder leur propriété sur de meilleurs titres. Ils avaient beau dire : C'est moi qui ai bâti ce mur; j'ai gagné ce terrain par mon travail. Qui vous a donné les alignements, leur pouvait-on répondre, et en vertu de quoi prétendez-vous être payé à nos dépens d'un travail que nous ne vous avons point imposé? Ignorez-vous qu'une multitude de vos frères périt, ou souffre du besoin de ce que vous avez de trop, et qu'il vous fallait un consentement exprès et unanime du genre humain pour vous approprier sur la subsistance commune tout ce qui allait au-delà de la vôtre? Destitué de raisons valables pour se justifier, et de forces suffisantes pour se défendre; écrasant facilement un particulier, mais écrasé lui-même par des troupes de bandits, seul contre tous, et ne pouvant à cause des jalousies mutuelles s'unir avec ses égaux contre des ennemis unis par l'espoir commun du pillage, le riche, pressé par la nécessité, conçut enfin le projet le plus réfléchi qui soit jamais entré dans l'esprit humain; ce fut d'employer en sa faveur les forces mêmes de ceux qui l'attaquaient, de faire ses défenseurs de ses adversaires, de leur inspirer d'autres maximes, et de leur donner d'autres institutions qui lui fussent aussi favorables que le droit naturel lui était contraire.

Dans cette vue, après avoir exposé à ses voisins l'horreur d'une situation qui les armait tous les uns contre les autres, qui leur rendait leurs possessions aussi onéreuses que leurs besoins, et où nul ne trouvait sa sûreté ni dans la pauvreté ni dans la richesse, il inventa aisément des raisons spécieuses pour les amener à son but. « Unissons-nous, leur dit-il, pour garantir de l'oppression les faibles, contenir les ambitieux, et assurer à chacun la possession de ce qui lui appartient. Instituons des règlements de justice et de paix auxquels tous soient obligés de se conformer, qui ne fassent acception de personne, et qui réparent en quelque sorte les caprices de la fortune en soumettant également le puissant et le faible à des devoirs mutuels. En un mot, au lieu de tourner nos forces contre nous-mêmes, rassemblons-les en un pouvoir suprême qui nous gouverne selon de sages lois, qui protège et défende tous les membres de l'association, repousse les ennemis communs et nous maintienne dans une concorde éternelle. »

Il en fallut beaucoup moins que l'équivalent de ce discours pour entraîner des hommes grossiers, faciles à séduire, qui d'ailleurs avaient trop d'affaires à démêler entre eux pour pouvoir se passer d'arbitres, et trop d'avarice et d'ambition pour pouvoir longtemps se passer de maîtres. Tous coururent au-devant de leurs fers croyant assurer leur liberté ; car avec assez de raisons pour sentir les avantages d'un établissement politique, ils n'avaient pas assez d'expérience pour en prévoir les dangers ; les plus capables de pressentir les abus étaient précisément ceux qui comptaient d'en profiter, et les sages mêmes virent qu'il fallait se résoudre à sacrifier une partie de leur liberté à la conservation de l'autre, comme un blessé se fait couper le bras pour sauver le reste du corps.

Telle fut, ou dut être, l'origine de la société et des lois, qui donnèrent de nouvelles entraves au faible et de nouvelles forces au riche, détruisirent sans retour la liberté naturelle, fixèrent pour jamais la loi de la propriété et de l'inégalité, d'une adroite usurpation firent un droit irrévocable, et pour le profit de quelques ambitieux assujettirent désormais tout le genre humain au travail, à la servitude et à la misère[24]. On voit aisément comment l'établissement d'une seule société rendit indispensable celui de toutes les autres, et comment, pour faire tête à des forces unies, il fallut s'unir à son tour. Les sociétés se multipliant ou s'étendant rapidement couvrirent bientôt toute la surface de la terre, et il ne fut plus possible de trouver un seul coin dans l'univers où l'on pût s'affranchir du joug et soustraire sa tête au glaive souvent mal conduit que chaque homme vit perpétuellement suspendu sur la sienne. Le droit civil étant ainsi devenu la règle commune des citoyens, la loi de nature n'eut plus lieu qu'entre les diverses sociétés, où, sous le nom de droit des gens, elle fut tempérée par quelques conventions tacites pour rendre le commerce possible et suppléer à la commisération naturelle, qui, perdant de société à société presque toute la force qu'elle avait d'homme à homme, ne réside plus que dans quelques grandes âmes cosmopolites, qui franchissent les barrières imaginaires qui séparent les peuples, et qui, à l'exemple de l'être souverain qui les a créés, embrassent tout le genre humain dans leur bienveillance.

Les corps politiques restant ainsi entre eux dans l'état de nature se ressentirent bientôt des inconvénients qui avaient forcé les particuliers d'en sortir, et cet état devint encore plus funeste entre ces grands corps qu'il ne l'avait été auparavant entre les individus dont ils étaient composés. De là sortirent les guerres nationales, les batailles, les meurtres, les représailles qui font frémir la nature et choquent la raison, et tous ces préjugés horribles qui placent au rang des vertus l'honneur de répandre le sang humain. Les plus honnêtes gens apprirent à compter parmi leurs devoirs celui d'égorger leurs semblables; on vit enfin les hommes se massacrer par milliers sans savoir pourquoi; et il se commettait plus de meurtres en un seul jour de combat et plus d'horreurs à la prise d'une seule ville qu'il ne s'en était commis dans l'état de nature durant des siècles entiers sur toute la face de la terre. Tels sont les premiers effets qu'on entrevoit de la division du genre humain en différentes sociétés. Revenons à leur institution.

Je sais que plusieurs ont donné d'autres origines aux sociétés politiques, comme les conquêtes du plus puissant ou l'union des faibles, et le choix entre ces causes est indifférent à ce que je veux établir : cependant celle que je viens d'exposer me paraît la plus naturelle par les raisons suivantes : 1. Que dans le premier cas, le droit de conquête n'étant point un droit n'en a pu fonder aucun autre, le conquérant et les peuples conquis restant toujours entre eux dans l'état de guerre, à moins que la nation remise en pleine liberté ne choisisse volontairement son vainqueur pour son chef. Jusque-là, quelques capitulations qu'on ait faites, comme elles n'ont été fondées que sur la violence, et que par conséquent elles sont nulles par le fait même, il ne peut y avoir dans cette hypothèse ni véritable société, ni corps politique, ni d'autre loi que celle du plus fort. 2. Que ces mots de *fort* et de *faible* sont équivoques dans le second cas ; que dans l'intervalle qui se trouve entre l'établissement du droit de propriété ou de premier occupant, et celui des gouvernements politiques, le sens de ces termes est mieux rendu par ceux de *pauvre* et de *riche*, parce qu'en effet un homme n'avait point avant les lois d'autre moyen d'assujettir ses égaux qu'en attaquant leur bien, ou leur faisant quelque part du sien. 3. Que les pauvres n'ayant rien à perdre que leur liberté, c'eût été une grande folie à eux de s'ôter volontairement le seul bien qui leur restait pour ne rien gagner en échange ; qu'au contraire les riches étant, pour ainsi dire, sensibles dans toutes les parties de leurs biens, il était beaucoup plus aisé de leur faire du mal, qu'ils avaient par conséquent plus de précautions à prendre pour s'en garantir et qu'enfin il est raisonnable de croire qu'une chose a été inventée par ceux à qui elle est utile plutôt que par ceux à qui elle fait du tort.

Le gouvernement naissant n'eut point une forme constante et régulière. Le défaut de philosophie et d'expérience ne laissait apercevoir que les inconvénients présents, et l'on ne songeait à remédier aux autres qu'à mesure qu'ils se présentaient. Malgré tous les travaux des plus sages législateurs, l'état politique demeura toujours imparfait, parce qu'il était presque l'ouvrage du hasard, et que, mal commencé, le temps, en découvrant les défauts et suggérant des remèdes, ne put jamais réparer les vices de la constitution. On raccommodait sans cesse, au lieu qu'il eût fallu commencer par nettoyer l'aire et écarter tous les vieux matériaux, comme fit Lycurgue à Sparte, pour élever ensuite un bon édifice. La société ne consista d'abord qu'en quelques conventions générales que tous les particuliers s'engageaient à observer et dont la communauté se rendait garante envers chacun d'eux. Il fallut que l'expérience montrât combien une pareille constitution était faible, et combien il était facile aux infracteurs d'éviter la conviction ou le châtiment des fautes dont le public seul devait être le témoin et le juge ; il fallut que la loi fût éludée de mille manières ; il fallut que les inconvénients et les désordres se multipliassent continuellement, pour qu'on songeât enfin à confier à des particuliers le dangereux dépôt de l'autorité publique et qu'on commît à des magistrats le soin de faire observer les délibérations du peuple ; car de dire que les chefs furent choisis avant que la confédération fût faite et que les ministres des lois existèrent avant les lois mêmes, c'est une supposition qu'il n'est pas permis de combattre sérieusement.

Il ne serait pas plus raisonnable de croire que les peuples se sont d'abord jetés entre les bras d'un maître absolu, sans conditions et sans retour[25], et que le premier moyen de pourvoir à la sûreté commune qu'aient imaginé des hommes fiers et indomptés a été de se précipiter dans l'esclavage. En effet, pourquoi se sont-ils donné des supérieurs, si ce n'est pour les défendre contre l'oppression, et protéger leurs biens, leurs libertés, et leurs vies, qui sont, pour ainsi dire, les éléments constitutifs de leur être ? Or, dans les relations d'homme à homme, le pis qui puisse arriver à l'un étant de se voir à la discrétion de l'autre, n'eût-il pas été contre le bon sens de commencer par se dépouiller entre les mains d'un chef des seules choses pour la conservation desquelles ils avaient besoin de son secours ? Quel équivalent eût-il pu leur offrir pour la concession d'un si beau droit ; et, s'il eût osé l'exiger sous le prétexte de les défendre, n'eût-il pas aussitôt reçu la réponse de l'apologue : Que nous fera de plus l'ennemi ? Il est donc incontestable, et c'est la maxime fondamentale de tout le droit politique, que les peuples se sont donné des chefs pour défendre leur liberté et non pour les asservir[26]. *Si nous avons un prince*, disait Pline à Trajan, *c'est afin qu'il nous préserve d'avoir un maître.*

Les politiques font sur l'amour de la liberté les mêmes sophismes que les philosophes ont faits sur l'état de nature ; par les choses qu'ils voient ils jugent des choses très différentes qu'ils n'ont pas vues et ils attribuent aux hommes un penchant naturel à la servitude par la patience avec laquelle ceux qu'ils ont sous les yeux supportent la leur, sans songer qu'il en est de la liberté comme de l'innocence et de la vertu, dont on ne sent le prix qu'autant qu'on en jouit soi-même et dont le goût se perd sitôt qu'on les a perdues. Je connais les délices de ton pays, disait Brasidas à un satrape qui comparait la vie de Sparte à celle de Persépolis, mais tu ne peux connaître les plaisirs du mien.

Comme un coursier indompté hérisse ses crins, frappe la terre du pied et se débat impétueusement à la seule approche du mors, tandis qu'un cheval dressé souffre patiemment la verge et l'éperon, l'homme barbare ne plie point sa tête au joug que l'homme civilisé porte sans murmure, et il préfère la plus orageuse liberté à un assujettissement tranquille. Ce n'est donc pas par l'avilissement des peuples asservis qu'il faut juger des dispositions naturelles de l'homme pour ou contre la servitude, mais par les prodiges qu'ont faits tous les peuples libres pour se garantir de l'oppression. Je sais que les premiers ne font que vanter sans cesse la paix et le repos dont ils jouissent dans leurs fers, et que *miserrimam servitutem pacem appellant*[27], mais quand je vois les autres sacrifier les plaisirs, le repos, la richesse, la puissance et la vie même à la conservation de ce seul bien si dédaigné de ceux qui l'ont perdu ; quand je vois des animaux nés libres et abhorrant la captivité se briser la tête contre les barreaux de leur prison ; quand je vois des multitudes de sauvages tout nus mépriser les voluptés européennes et braver la faim, le feu, le fer et la mort pour ne conserver que leur indépendance, je sens que ce n'est pas à des esclaves qu'il appartient de raisonner de liberté.

Quant à l'autorité paternelle dont plusieurs ont fait dériver le gouvernement absolu et toute la société, sans recourir aux preuves contraires de Locke et de Sidney, il suffit de remarquer que rien au monde n'est plus éloigné de l'esprit féroce du despotisme que la douceur de cette autorité qui regarde plus à l'avantage de celui qui obéit qu'à l'utilité de celui qui commande, que par la loi de nature le père n'est le maître de l'enfant qu'aussi longtemps que son secours lui est nécessaire, qu'au-delà de ce terme ils deviennent égaux et qu'alors le fils, parfaitement indépendant du père, ne lui doit que du respect, et non de l'obéissance ; car la reconnaissance est bien un devoir qu'il faut rendre, mais non pas un droit qu'on puisse exiger. Au lieu de dire que la société civile dérive du pouvoir paternel, il fallait dire au contraire que c'est d'elle que ce pouvoir tire sa principale force : un individu ne fut reconnu pour le père de plusieurs que quand ils restèrent assemblés autour de lui. Les biens du père, dont il est véritablement le maître, sont les liens qui retiennent ses enfants dans sa dépendance, et il peut ne leur donner part à sa succession qu'à proportion qu'ils auront bien mérité de lui par une continuelle déférence à ses volontés. Or, loin que les sujets aient quelque faveur semblable à attendre de leur despote, comme ils lui appartiennent en propre, eux et tout ce qu'ils possèdent, ou du moins qu'il le prétend ainsi, ils sont réduits à recevoir comme une faveur ce qu'il leur laisse de leur propre bien ; il fait justice quand il les dépouille ; il fait grâce quand il les laisse vivre.

En continuant d'examiner ainsi les faits par le droit, on ne trouverait pas plus de solidité que de vérité dans l'établissement volontaire de la tyrannie, et il serait difficile de montrer la validité d'un contrat qui n'obligerait qu'une des parties, où l'on mettrait tout d'un côté et rien de l'autre et qui ne tournerait qu'au préjudice de celui qui s'engage. Ce système odieux est bien éloigné d'être même aujourd'hui celui des sages et bons monarques, et surtout des rois de France, comme on peut le voir en divers endroits de leurs édits et en particulier dans le passage suivant d'un écrit célèbre, publié en 1667, au nom et par les ordres de Louis XIV : *Qu'on ne dise donc point que le souverain ne soit pas sujet aux lois de son État, puisque la proposition contraire est une vérité du droit des gens que la flatterie a quelquefois attaquée, mais que les bons princes ont toujours défendue comme une divinité tutélaire de leurs États. Combien est-il plus légitime de dire avec le sage Platon que la parfaite félicité d'un royaume est qu'un prince soit obéi de ses sujets, que le prince obéisse à la loi, et que la loi soit droite et toujours dirigée au bien public.* Je ne m'arrêterai point à rechercher si, la liberté étant la plus noble des facultés de l'homme, ce n'est pas dégrader sa nature, se mettre au niveau des bêtes esclaves de l'instinct, offenser même l'auteur de son être, que de renoncer sans réserve au plus précieux de tous ses dons, que de se soumettre à commettre tous les crimes qu'il nous défend, pour complaire à un maître féroce ou insensé, et si cet ouvrier sublime doit être plus irrité de voir détruire que déshonorer son plus bel ouvrage. Je demanderai seulement de quel droit ceux qui n'ont pas craint de s'avilir eux-mêmes jusqu'à ce point ont pu soumettre leur postérité à la même ignominie, et renoncer pour elle à des biens qu'elle ne tient point de leur libéralité, et sans lesquels la vie même est onéreuse à tous ceux qui en sont dignes?

Pufendorf dit que, tout de même qu'on transfère son bien à autrui par des conventions et des contrats, on peut aussi se dépouiller de sa liberté en faveur de quelqu'un. C'est là, ce me semble, un fort mauvais raisonnement; car premièrement le bien que j'aliène me devient une chose tout à fait étrangère, et dont l'abus m'est indifférent, mais il m'importe qu'on n'abuse point de ma liberté, et je ne puis, sans me rendre coupable du mal qu'on me forcera de faire, m'exposer à devenir l'instrument du crime. De plus, le droit de propriété n'étant que de convention et d'institution humaine, tout homme peut à son gré disposer de ce qu'il possède : mais il n'en est pas de même des dons essentiels de la nature, tels que la vie et la liberté, dont il est permis à chacun de jouir et dont il est au moins douteux qu'on ait droit de se dépouiller. En s'ôtant l'une on dégrade son être; en s'ôtant l'autre on l'anéantit autant qu'il est en soi; et comme nul bien temporel ne peut dédommager de l'une et de l'autre, ce serait offenser à la fois la nature et la raison que d'y renoncer à quelque prix que ce fût. Mais quand on pourrait aliéner sa liberté comme ses biens, la différence serait très grande pour les enfants qui ne jouissent des biens du père que par transmission de son droit, au lieu que, la liberté étant un don qu'ils tiennent de la nature en qualité d'hommes, leurs parents n'ont eu aucun droit de les en dépouiller ; de sorte que comme pour établir l'esclavage, il a fallu faire violence à la nature, il a fallu la changer pour perpétuer ce droit, et les jurisconsultes qui ont gravement prononcé que l'enfant d'une esclave naîtrait esclave ont décidé en d'autres termes qu'un homme ne naîtrait pas homme.

Il me paraît donc certain que non seulement les gouvernements n'ont point commencé par le pouvoir arbitraire, qui n'en est que la corruption, le terme extrême, et qui les ramène enfin à la seule loi du plus fort dont ils furent d'abord le remède, mais encore que, quand même ils auraient ainsi commencé, ce pouvoir, étant par sa nature illégitime, n'a pu servir de fondement aux droits de la société, ni par conséquent à l'inégalité d'institution.

Sans entrer aujourd'hui dans les recherches qui sont encore à faire sur la nature du pacte fondamental de tout gouvernement, je me borne en suivant l'opinion commune à considérer ici l'établissement du corps politique comme un vrai contrat entre le peuple et les chefs qu'il se choisit, contrat par lequel les deux parties s'obligent à l'observation des lois qui y sont stipulées et qui forment les liens de leur union. Le peuple ayant, au sujet des relations sociales, réuni toutes ses volontés en une seule, tous les articles sur lesquels cette volonté s'explique deviennent autant de lois fondamentales qui obligent tous les membres de l'État sans exception, et l'une desquelles règle le choix et le pouvoir des magistrats chargés de veiller à l'exécution des autres. Ce pouvoir s'étend à tout ce qui peut maintenir la constitution, sans aller jusqu'à la changer. On y joint des honneurs qui rendent respectables les lois et leurs ministres, et pour ceux-ci personnellement des prérogatives qui les dédommagent des pénibles travaux que coûte une bonne administration. Le magistrat, de son côté, s'oblige à n'user du pouvoir qui lui est confié que selon l'intention des commettants, à maintenir chacun dans la paisible jouissance de ce qui lui appartient et à préférer en toute occasion l'utilité publique à son propre intérêt[28].

Avant que l'expérience eût montré, ou que la connaissance du cœur humain eût fait prévoir les abus inévitables d'une telle constitution, elle dut paraître d'autant meilleure que ceux qui étaient chargés de veiller à sa conservation y étaient eux-mêmes le plus intéressés ; car la magistrature et ses droits n'étant établis que sur les lois fondamentales, aussitôt qu'elles seraient détruites, les magistrats cesseraient d'être légitimes, le peuple ne serait plus tenu de leur obéir, et comme ce n'aurait pas été le magistrat, mais la loi qui aurait constitué l'essence de l'État, chacun rentrerait de droit dans sa liberté naturelle.

Pour peu qu'on y réfléchît attentivement, ceci se confirmerait par de nouvelles raisons et par la nature du contrat on verrait qu'il ne saurait être irrévocable : car s'il n'y avait point de pouvoir supérieur qui pût être garant de la fidélité des contractants, ni les forcer à remplir leurs engagements réciproques, les parties demeureraient seules juges dans leur propre cause et chacune d'elles aurait toujours le droit de renoncer au contrat, sitôt qu'elle trouverait que l'autre en enfreint les conditions ou qu'elles cesseraient de lui convenir. C'est sur ce principe qu'il semble que le droit d'abdiquer peut être fondé. Or, à ne considérer, comme nous faisons, que l'institution humaine, si le magistrat qui a tout le pouvoir en main et qui s'approprie tous les avantages du contrat, avait pourtant le droit de renoncer à l'autorité, à plus forte raison le peuple, qui paye toutes les fautes des chefs, devrait avoir le droit de renoncer à la dépendance. Mais les dissensions affreuses, les désordres infinis qu'entraînerait nécessairement ce dangereux pouvoir, montrent plus que toute autre chose combien les gouvernements humains avaient besoin d'une base plus solide que la seule raison et combien il était nécessaire au repos public que la volonté divine intervînt pour donner à l'autorité souveraine un caractère sacré et inviolable qui ôtât aux sujets le funeste droit d'en disposer. Quand la religion n'aurait fait que ce bien aux hommes, c'en serait assez pour qu'ils dussent tous la chérir et l'adopter, même avec ses abus, puisqu'elle épargne encore plus de sang que le fanatisme n'en fait couler : mais suivons le fil de notre hypothèse.

Les diverses formes des gouvernements tirent leur origine des différences plus ou moins grandes qui se trouvèrent entre les particuliers au moment de l'institution. Un homme était-il éminent en pouvoir, en vertu, en richesses ou en crédit ? il fut seul élu magistrat, et l'État devint monarchique ; si plusieurs à peu près égaux entre eux l'emportaient sur tous les autres, ils furent élus conjointement, et l'on eut une aristocratie. Ceux dont la fortune ou les talents étaient moins disproportionnés et qui s'étaient le moins éloignés de l'état de nature gardèrent en commun l'administration suprême et formèrent une démocratie. Le temps vérifia laquelle de ces formes était la plus avantageuse aux hommes. Les uns restèrent uniquement soumis aux lois, les autres obéirent bientôt à des maîtres. Les citoyens voulurent garder leur liberté, les sujets ne songèrent qu'à l'ôter à leurs voisins, ne pouvant souffrir que d'autres jouissent d'un bien dont ils ne jouissaient plus eux-mêmes. En un mot, d'un côté furent les richesses et les conquêtes, et de l'autre le bonheur et la vertu.

Dans ces divers gouvernements, toutes les magistratures furent d'abord électives, et quand la richesse ne l'emportait pas, la préférence était accordée au mérite qui donne un ascendant naturel et à l'âge qui donne l'expérience dans les affaires et le sang-froid dans les délibérations. Les anciens des Hébreux, les gérontes de Sparte, le Sénat de Rome, et l'étymologie même de notre mot *seigneur* montrent combien autrefois la vieillesse était respectée. Plus les élections tombaient sur des hommes avancés en âge, plus elles devenaient fréquentes, et plus leurs embarras se faisaient sentir; les brigues s'introduisirent, les factions se formèrent, les partis s'aigrirent, les guerres civiles s'allumèrent, enfin le sang des citoyens fut sacrifié au prétendu bonheur de l'État, et l'on fut à la veille de retomber dans l'anarchie des temps antérieurs. L'ambition des principaux profita de ces circonstances pour perpétuer leurs charges dans leurs familles : le peuple déjà accoutumé à la dépendance, au repos et aux commodités de la vie, et déjà hors d'état de briser ses fers, consentit à laisser augmenter sa servitude pour affermir sa tranquillité et c'est ainsi que les chefs devenus héréditaires s'accoutumèrent à regarder leur magistrature comme un bien de famille, à se regarder eux-mêmes comme les propriétaires de l'État dont ils n'étaient d'abord que les officiers, à appeler leurs concitoyens leurs esclaves, à les compter comme du bétail au nombre des choses qui leur appartenaient et à s'appeler eux-mêmes égaux aux dieux et rois des rois.

Si nous suivons le progrès de l'inégalité dans ces différentes révolutions, nous trouverons que l'établissement de la loi et du droit de propriété fut son premier terme, l'institution de la magistrature le second, que le troisième et dernier fut le changement du pouvoir légitime en pouvoir arbitraire; en sorte que l'état de riche et de pauvre fut autorisé par la première époque, celui de puissant et de faible par la seconde, et par la troisième celui de maître et d'esclave, qui est le dernier degré de l'inégalité, et le terme auquel aboutissent enfin tous les autres, jusqu'à ce que de nouvelles révolutions dissolvent tout à fait le gouvernement, ou le rapprochent de l'institution légitime.

Pour comprendre la nécessité de ce progrès il faut moins considérer les motifs de l'établissement du corps politique que la forme qu'il prend dans son exécution et les inconvénients qu'il entraîne après lui : car les vices qui rendent nécessaires les institutions sociales sont les mêmes qui en rendent l'abus inévitable; et comme, excepté la seule Sparte, où la loi veillait principalement à l'éducation des enfants et où Lycurgue établit des mœurs qui le dispensaient presque d'y ajouter des lois, les lois en général moins fortes que les passions contiennent les hommes sans les changer; il serait aisé de prouver que tout gouvernement qui sans se corrompre ni s'altérer, marcherait toujours exactement selon la fin de son institution, aurait été institué sans nécessité, et qu'un pays où personne n'éluderait les lois et n'abuserait de la magistrature n'aurait besoin ni de magistrats ni de lois.

Les distinctions politiques amènent nécessairement les distinctions civiles. L'inégalité, croissant entre le peuple et ses chefs, se fait bientôt sentir parmi les particuliers et s'y modifie en mille manières selon les passions, les talents et les occurrences. Le magistrat ne saurait usurper un pouvoir illégitime sans se faire des créatures auxquelles il est forcé d'en céder quelque partie. D'ailleurs, les citoyens ne se laissent opprimer qu'autant qu'entraînés par une aveugle ambition et regardant plus au-dessous qu'au-dessus d'eux, la domination leur devient plus chère que l'indépendance, et qu'ils consentent à porter des fers pour en pouvoir donner à leur tour. Il est très difficile de réduire à l'obéissance celui qui ne cherche point à commander et le politique le plus adroit ne viendrait pas à bout d'assujettir des hommes qui ne voudraient qu'être libres ; mais l'inégalité s'étend sans peine parmi des âmes ambitieuses et lâches, toujours prêtes à courir les risques de la fortune et à dominer ou servir presque indifféremment selon qu'elle leur devient favorable ou contraire. C'est ainsi qu'il dut venir un temps où les yeux du peuple furent fascinés à tel point que ses conducteurs n'avaient qu'à dire au plus petit des hommes : « Sois grand, toi et toute ta race », aussitôt il paraissait grand à tout le monde ainsi qu'à ses propres yeux, et ses descendants s'élevaient encore à mesure qu'ils s'éloignaient de lui ; plus la cause était reculée et incertaine, plus l'effet augmentait ; plus on pouvait compter de fainéants dans une famille, et plus elle devenait illustre.

Si c'était ici le lieu d'entrer en des détails, j'expliquerais facilement comment l'inégalité de crédit et d'autorité devient inévitable entre les particuliers sitôt que réunis en une même société ils sont forcés de se comparer entre eux et de tenir compte des différences qu'ils trouvent dans l'usage continuel qu'ils ont à faire les uns des autres. Ces différences sont de plusieurs espèces, mais en général la richesse, la noblesse ou le rang, la puissance et le mérite personnel, étant les distinctions principales par lesquelles on se mesure dans la société, je prouverais que l'accord ou le conflit de ces forces diverses est l'indication la plus sûre d'un État bien ou mal constitué. Je ferais voir qu'entre ces quatre sortes d'inégalité, les qualités personnelles étant l'origine de toutes les autres, la richesse est la dernière à laquelle elles se réduisent à la fin, parce qu'étant la plus immédiatement utile au bien-être et la plus facile à communiquer, on s'en sert aisément pour acheter tout le reste.

Observation qui peut faire juger assez exactement de la mesure dont chaque peuple s'est éloigné de son institution primitive, et du chemin qu'il a fait vers le terme extrême de la corruption. Je remarquerais combien ce désir universel de réputation, d'honneurs et de préférences, qui nous dévore tous, exerce et compare les talents et les forces, combien il excite et multiplie les passions, et combien, rendant tous les hommes concurrents, rivaux ou plutôt ennemis, il cause tous les jours de revers, de succès et de catastrophes de toute espèce en faisant courir la même lice à tant de prétendants. Je montrerais que c'est à cette ardeur de faire parler de soi, à cette fureur de se distinguer qui nous tient presque toujours hors de nous-mêmes, que nous devons ce qu'il y a de meilleur et de pire parmi les hommes, nos vertus et nos vices, nos sciences et nos erreurs, nos conquérants et nos philosophes, c'est-à-dire une multitude de mauvaises choses sur un petit nombre de bonnes. Je prouverais enfin que si l'on voit une poignée de puissants et de riches au faîte des grandeurs et de la fortune, tandis que la foule rampe dans l'obscurité et dans la misère, c'est que les premiers n'estiment les choses dont ils jouissent qu'autant que les autres en sont privés, et que, sans changer d'état, ils cesseraient d'être heureux, si le peuple cessait d'être misérable.

Mais ces détails seraient seuls la matière d'un ouvrage considérable dans lequel on pèserait les avantages et les inconvénients de tout gouvernement, relativement aux droits de l'état de nature, et où l'on dévoilerait toutes les faces différentes sous lesquelles l'inégalité s'est montrée jusqu'à ce jour et pourra se montrer dans les siècles selon la nature de ces gouvernements et les révolutions que le temps y amènera nécessairement. On verrait la multitude opprimée au-dedans par une suite des précautions mêmes qu'elle avait prises contre ce qui la menaçait au-dehors. On verrait l'oppression s'accroître continuellement sans que les opprimés pussent jamais savoir quel terme elle aurait, ni quels moyens légitimes il leur resterait pour l'arrêter. On verrait les droits des citoyens et les libertés nationales s'éteindre peu à peu, et les réclamations des faibles traitées de murmures séditieux. On verrait la politique restreindre à une portion mercenaire du peuple l'honneur de défendre la cause commune : on verrait de là sortir la nécessité des impôts, le cultivateur découragé quitter son champ même durant la paix et laisser la charrue pour ceindre l'épée. On verrait naître les règles funestes et bizarres du point d'honneur. On verrait les défenseurs de la patrie en devenir tôt ou tard les ennemis, tenir sans cesse le poignard levé sur leurs concitoyens, et il viendrait un temps où l'on les entendrait dire à l'oppresseur de leur pays :

Pectore si fratris gladium juguloque parentis
Condere me jubeas, gravidæque in viscera partu
Conjugis, invita peragam tamen omnia dextra[29].

De l'extrême inégalité des conditions et des fortunes, de la diversité des passions et des talents, des arts inutiles, des arts pernicieux, des sciences frivoles sortiraient des foules de préjugés, également contraires à la raison, au bonheur et à la vertu. On verrait fomenter par les chefs tout ce qui peut affaiblir des hommes rassemblés en les désunissant ; tout ce qui peut donner à la société un air de concorde apparent et y semer un germe de division réelle ; tout ce qui peut inspirer aux différents ordres une défiance et une haine mutuelle par l'opposition de leurs droits et de leurs intérêts, et fortifier par conséquent le pouvoir qui les contient tous.

C'est du sein de ce désordre et de ces révolutions que le despotisme, élevant par degrés sa tête hideuse et dévorant tout ce qu'il aurait aperçu de bon et de sain dans toutes les parties de l'État, parviendrait enfin à fouler aux pieds les lois et le peuple, et à s'établir sur les ruines de la république. Les temps qui précéderaient ce dernier changement seraient des temps de troubles et de calamités, mais à la fin tout serait englouti par le monstre et les peuples n'auraient plus de chefs ni de lois, mais seulement des tyrans. Dès cet instant aussi il cesserait d'être question de mœurs et de vertu ; car partout où règne le despotisme, *cui ex honesto nulla est spes*[30], il ne souffre aucun autre maître ; sitôt qu'il parle, il n'y a ni probité ni devoir à consulter, et la plus aveugle obéissance est la seule vertu qui reste aux esclaves.

C'est ici le dernier terme de l'inégalité, et le point extrême qui ferme le cercle et touche au point d'où nous sommes partis. C'est ici que tous les particuliers redeviennent égaux parce qu'ils ne sont rien, et que les sujets n'ayant plus d'autre loi que la volonté du maître, ni le maître d'autre règle que ses passions, les notions du bien et les principes de la justice s'évanouissent derechef. C'est ici que tout se ramène à la seule loi du plus fort et par conséquent à un nouvel état de nature différent de celui par lequel nous avons commencé, en ce que l'un était l'état de nature dans sa pureté, et que ce dernier est le fruit d'un excès de corruption. Il y a si peu de différence d'ailleurs entre ces deux états et le contrat de gouvernement est tellement dissous par le despotisme que le despote n'est le maître qu'aussi longtemps qu'il est le plus fort et que, sitôt qu'on peut l'expulser, il n'a point à réclamer contre la violence. L'émeute qui finit par étrangler ou détrôner un sultan est un acte aussi juridique que ceux par lesquels il disposait la veille des vies et des biens de ses sujets. La seule force le maintenait, la seule force le renverse ; toutes choses se passent ainsi selon l'ordre naturel, et quel que puisse être l'événement de ces courtes et fréquentes révolutions, nul ne peut se plaindre de l'injustice d'autrui, mais seulement de sa propre imprudence, ou de son malheur[31].

En découvrant et suivant ainsi les routes oubliées et perdues qui de l'état naturel ont dû mener l'homme à l'état civil, en rétablissant, avec les positions intermédiaires que je viens de marquer, celles que le temps qui me presse m'a fait supprimer, ou que l'imagination ne m'a point suggérées, tout lecteur attentif ne pourra qu'être frappé de l'espace immense qui sépare ces deux états. C'est dans cette lente succession des choses qu'il verra la solution d'une infinité de problèmes de morale et de politique que les philosophes ne peuvent résoudre. Il sentira que le genre humain d'un âge n'étant pas le genre humain d'un autre âge, la raison pour quoi Diogène ne trouvait point d'homme, c'est qu'il cherchait parmi ses contemporains l'homme d'un temps qui n'était plus : Caton, dira-t-il, périt avec Rome et la liberté, parce qu'il fut déplacé dans son siècle, et le plus grand des hommes ne fit qu'étonner le monde qu'il eût gouverné cinq cents ans plus tôt. En un mot, il expliquera comment l'âme et les passions humaines, s'altérant insensiblement, changent pour ainsi dire de nature ; pourquoi nos besoins et nos plaisirs changent d'objets à la longue ; pourquoi, l'homme originel s'évanouissant par degrés, la société n'offre plus aux yeux du sage qu'un assemblage d'hommes artificiels et de passions factices qui sont l'ouvrage de toutes ces nouvelles relations et n'ont aucun vrai fondement dans la nature. Ce que la réflexion nous apprend là-dessus, l'observation le confirme parfaitement : l'homme sauvage et l'homme policé diffèrent tellement par le fond du cœur et des inclinations que ce qui fait le bonheur suprême de l'un réduirait l'autre au désespoir. Le premier ne respire que le repos et la liberté, il ne veut que vivre et rester oisif, et l'ataraxie même du stoïcien n'approche pas de sa profonde indifférence pour tout autre objet. Au contraire, le citoyen toujours actif sue, s'agite, se tourmente sans cesse pour chercher des occupations encore plus laborieuses : il travaille jusqu'à la mort, il y court même pour se mettre en état de vivre, ou renonce à la vie pour acquérir l'immortalité. Il fait sa cour aux grands qu'il hait et aux riches qu'il méprise ; il n'épargne rien pour obtenir l'honneur de les servir ; il se vante orgueilleusement de sa bassesse et de leur protection et, fier de son esclavage, il parle avec dédain de ceux qui n'ont pas l'honneur de le partager. Quel spectacle pour un Caraïbe que les travaux pénibles et enviés d'un ministre européen ! Combien de morts cruelles ne préférerait pas cet indolent sauvage à l'horreur d'une pareille vie qui souvent n'est pas même adoucie par le plaisir de bien faire ? Mais pour voir le but de tant de soins, il faudrait que ces mots, *puissance* et *réputation*, eussent un sens dans son esprit, qu'il apprît qu'il y a une sorte d'hommes qui comptent pour quelque chose les regards du reste de l'univers, qui savent être heureux et contents d'eux-mêmes sur le témoignage d'autrui plutôt que sur le leur propre. Telle est, en effet, la véritable cause de toutes ces différences : le sauvage vit en lui-même ; l'homme sociable, toujours hors de lui, ne sait que vivre dans l'opinion des autres, et c'est, pour ainsi dire, de leur seul jugement qu'il tire le sentiment de sa propre existence. Il n'est pas de mon sujet de montrer comment d'une telle disposition naît tant d'indifférence pour le bien et le mal, avec de si beaux discours de morale ; comment tout se réduisant aux apparences, tout devient factice et joué ; honneur, amitié, vertu, et souvent jusqu'aux vices mêmes, dont on trouve enfin le secret de se glorifier ; comment, en un mot, demandant toujours aux autres ce que nous sommes et n'osant jamais nous interroger là-dessus nous-mêmes, au milieu de tant de philosophie, d'humanité, de politesse et de maximes sublimes, nous n'avons qu'un extérieur trompeur et frivole, de l'honneur sans vertu, de la raison sans sagesse, et du plaisir sans bonheur. Il me suffit d'avoir prouvé que ce n'est point là l'état originel de l'homme et que c'est le seul esprit de la société et l'inégalité qu'elle engendre qui changent et altèrent ainsi toutes nos inclinations naturelles.

J'ai tâché d'exposer l'origine et le progrès de l'inégalité, l'établissement et l'abus des sociétés politiques, autant que ces choses peuvent se déduire de la nature de l'homme par les seules lumières de la raison, et indépendamment des dogmes sacrés qui donnent à l'autorité souveraine la sanction du droit divin. Il suit de cet exposé que l'inégalité, étant presque nulle dans l'état de nature, tire sa force et son accroissement du développement de nos facultés et des progrès de l'esprit humain et devient enfin stable et légitime par l'établissement de la propriété et des lois. Il suit encore que l'inégalité morale, autorisée par le seul droit positif, est contraire au droit naturel, toutes les fois qu'elle ne concourt pas en même proportion avec l'inégalité physique ; distinction qui détermine suffisamment ce qu'on doit penser à cet égard de la sorte d'inégalité qui règne parmi tous les peuples policés ; puisqu'il est manifestement contre la loi de nature, de quelque manière qu'on la définisse, qu'un enfant commande à un vieillard, qu'un imbécile conduise un homme sage et qu'une poignée de gens regorge de superfluités, tandis que la multitude affamée manque du nécessaire.

DISCOURS SUR L'ÉCONOMIE POLITIQUE

ÉCONOMIE[1] ou ŒCONOMIE (*Morale et Politique*). Ce mot vient de οἶκος, *maison*, et de νόμος, *loi*, et ne signifie originairement que le sage et légitime gouvernement de la maison, pour le bien commun de toute la famille. Le sens de ce terme a été dans la suite étendu au gouvernement de la grande famille, qui est l'État. Pour distinguer ces deux acceptions, on l'appelle dans ce dernier cas, *économie générale*, ou *politique*; et dans l'autre cas, *économie domestique*, ou *particulière*. Ce n'est que de la première qu'il est question dans cet article. Sur l'*économie domestique, voyez* PÈRE DE FAMILLE.

Quand il y aurait entre l'État et la famille autant de rapport que plusieurs auteurs le prétendent, il ne s'ensuivrait pas pour cela que les règles de conduite propres à l'une de ces deux sociétés fussent convenables à l'autre : elles diffèrent trop en grandeur pour pouvoir être administrées de la même manière, et il y aura toujours une extrême différence entre le gouvernement domestique, où le père peut tout voir par lui-même, et le gouvernement civil, où le chef ne voit presque rien que par les yeux d'autrui. Pour que les choses devinssent égales à cet égard, il faudrait que les talents, la force, et toutes les facultés du père, augmentassent en raison de la grandeur de la famille, et que l'âme d'un puissant monarque fût à celle d'un homme ordinaire, comme l'étendue de son empire est à l'héritage d'un particulier.

Mais comment le gouvernement de l'État pourrait-il être semblable à celui de la famille dont le fondement est si différent ? Le père étant physiquement plus fort que ses enfants, aussi longtemps que son secours leur est nécessaire, le pouvoir paternel passe avec raison pour être établi par la nature. Dans la grande famille dont tous les membres sont naturellement égaux, l'autorité politique purement arbitraire quant à son institution, ne peut être fondée que sur des conventions, ni le magistrat commander aux autres qu'en vertu des lois. Les devoirs du père lui sont dictés par des sentiments naturels, et d'un ton qui lui permet rarement de désobéir. Les chefs n'ont point de semblable règle, et ne sont réellement tenus envers le peuple qu'à ce qu'ils lui ont promis de faire, et dont il est en droit d'exiger l'exécution. Une autre différence plus importante encore, c'est que les enfants n'ayant rien que ce qu'ils reçoivent du père, il est évident que tous les droits de propriété lui appartiennent, ou émanent de lui ; c'est tout le contraire dans la grande famille, où l'administration générale n'est établie que pour assurer la propriété particulière qui lui est antérieure. Le principal objet des travaux de toute la maison, est de conserver et d'accroître le patrimoine du père, afin qu'il puisse un jour le partager entre ses enfants sans les appauvrir ; au lieu que la richesse du fisc n'est qu'un moyen, souvent fort mal entendu, pour maintenir les particuliers dans la paix et dans l'abondance. En un mot la petite famille est destinée à s'éteindre, et à se résoudre un jour en plusieurs autres familles semblables ; mais la grande étant faite pour durer toujours dans le même état, il faut que la première s'augmente pour se multiplier : et non seulement il suffit que l'autre se conserve, mais on peut prouver aisément que toute augmentation lui est plus préjudiciable qu'utile.

Par plusieurs raisons tirées de la nature de la chose, le père doit commander dans la famille. Premièrement, l'autorité ne doit pas être égale entre le père et la mère ; mais il faut que le gouvernement soit un, et que dans les partages d'avis il y ait une voix prépondérante qui décide. 2° - Quelque légères qu'on veuille supposer les incommodités particulières à la femme, comme elles font toujours pour elle un intervalle d'inaction, c'est une raison suffisante pour l'exclure de cette primauté : car quand la balance est parfaitement égale, une paille suffit pour la faire pencher. De plus, le mari doit avoir inspection sur la conduite de sa femme : parce qu'il lui importe de s'assurer que les enfants, qu'il est forcé de reconnaître et de nourrir, n'appartiennent pas à d'autres qu'à lui. La femme qui n'a rien de semblable à craindre, n'a pas le même droit sur le mari. 3° - Les enfants doivent obéir au père, d'abord par nécessité, ensuite par reconnaissance ; après avoir reçu de lui leurs besoins durant la moitié de leur vie, ils doivent consacrer l'autre à pourvoir aux siens. 4° - À l'égard des domestiques, ils lui doivent aussi leurs services en échange de l'entretien qu'il leur donne ; sauf à rompre le marché dès qu'il cesse de leur convenir. Je ne parle point de l'esclavage ; parce qu'il est contraire à la nature, et qu'aucun droit ne peut l'autoriser.

Il n'y a rien de tout cela dans la société politique[2]. Loin que le chef ait un intérêt naturel au bonheur des particuliers, il ne lui est pas rare de chercher le sien dans leur misère. La magistrature est-elle héréditaire, c'est souvent un enfant qui commande à des hommes : est-elle élective, mille inconvénients se font sentir dans les élections, et l'on perd dans l'un et l'autre cas tous les avantages de la paternité. Si vous n'avez qu'un seul chef, vous êtes à la discrétion d'un maître qui n'a nulle raison de vous aimer ; si vous en avez plusieurs, il faut supporter à la fois leur tyrannie et leurs divisions. En un mot, les abus sont inévitables et leurs suites funestes dans toute société, où l'intérêt public et les lois n'ont aucune force naturelle, et sont sans cesse attaqués par l'intérêt personnel et les passions du chef et des membres.

Quoique les fonctions du père de famille et du premier magistrat doivent tendre au même but, c'est par des voies si différentes, leur devoir et leurs droits sont tellement distingués, qu'on ne peut les confondre sans se former de fausses idées des lois fondamentales de la société, et sans tomber dans des erreurs fatales au genre humain. En effet, si la voix de la nature est le meilleur conseil que doive écouter un bon père pour bien remplir ses devoirs, elle n'est pour le magistrat qu'un faux guide qui travaille sans cesse à l'écarter des siens, et qui l'entraîne tôt ou tard à sa perte et à celle de l'État, s'il n'est retenu par la plus sublime vertu. La seule précaution nécessaire au père de famille, est de se garantir de la dépravation, et d'empêcher que les inclinations naturelles ne se corrompent en lui ; mais ce sont elles qui corrompent le magistrat. Pour bien faire, le premier n'a qu'à consulter son cœur ; l'autre devient un traître au moment qu'il écoute le sien : sa raison même lui doit être suspecte, et il ne doit suivre d'autre règle que la raison publique, qui est la loi. Aussi la nature a-t-elle fait une multitude de bons pères de famille : mais il est douteux que depuis l'existence du monde, la sagesse humaine ait jamais fait dix hommes capables de gouverner leurs semblables.

De tout ce que je viens d'exposer, il s'ensuit que c'est avec raison qu'on a distingué l'*économie publique* de l'*économie particulière*, et que l'État n'ayant rien de commun avec la famille que l'obligation qu'ont les chefs de rendre heureux l'un et l'autre, les mêmes règles de conduite ne sauraient convenir à tous les deux. J'ai cru qu'il suffirait de ce peu de lignes pour renverser l'odieux système que le chevalier Filmer a tâché d'établir dans un ouvrage intitulé *Patriarcha*, auquel deux hommes illustres ont fait trop d'honneur en écrivant des livres pour le réfuter : au reste, cette erreur est fort ancienne, puisque Aristote même a jugé à propos de la combattre par des raisons que l'on peut voir au premier livre de ses *Politiques*[3].

Je prie mes lecteurs de bien distinguer entre l'*économie publique* dont j'ai à parler, et que j'appelle *gouvernement*, de l'autorité suprême que j'appelle *souveraineté*; distinction qui consiste en ce que l'une a le droit législatif, et oblige en certains cas le corps même de la nation, tandis que l'autre n'a que la puissance exécutrice, et ne peut obliger que les particuliers[4]. *Voyez* Politique et Souveraineté.

Qu'on me permette d'employer pour un moment une comparaison commune et peu exacte à bien des égards, mais propre à me faire mieux entendre.

Le corps politique, pris individuellement, peut être considéré comme un corps organisé, vivant, et semblable à celui de l'homme. Le pouvoir souverain représente la tête ; les lois et les coutumes sont le cerveau, principe des nerfs et siège de l'entendement, de la volonté, et des sens, dont les juges et magistrats sont les organes ; le commerce, l'industrie et l'agriculture, sont la bouche et l'estomac qui préparent la subsistance commune ; les finances publiques sont le sang qu'une sage *économie*, en faisant les fonctions du cœur, renvoie distribuer par tout le corps la nourriture et la vie ; les citoyens sont le corps et les membres qui font mouvoir, vivre et travailler la machine, et qu'on ne saurait blesser en aucune partie, qu'aussitôt l'impression douloureuse ne s'en porte au cerveau, si l'animal est dans un état de santé.

La vie de l'un et de l'autre est le *moi* commun au tout, la sensibilité réciproque, et la correspondance interne de toutes les parties. Cette communication vient-elle à cesser, l'unité formelle à s'évanouir, et les parties contiguës à n'appartenir plus l'une à l'autre que par juxtaposition ? l'homme est mort, ou l'État est dissous.

Le corps politique est donc aussi un être moral qui a une volonté ; et cette volonté générale, qui tend toujours à la conservation et au bien-être du tout et de chaque partie, et qui est la source des lois, est pour tous les membres de l'État par rapport à eux et à lui, la règle du juste et de l'injuste ; vérité qui pour le dire en passant, montre avec combien de sens tant d'écrivains ont traité de vol la subtilité prescrite aux enfants de Lacédémone, pour gagner leur frugal repas, comme si tout ce qu'ordonne la loi pouvait ne pas être légitime. *Voyez au mot* Droit, la source de ce grand et lumineux principe, dont cet article est le développement.

Il est important de remarquer que cette règle de justice, sûre par rapport à tous les citoyens, peut être fautive avec les étrangers ; et la raison de ceci est évidente : c'est qu'alors la volonté de l'État quoique générale par rapport à ses membres, ne l'est plus par rapport aux autres États et à leurs membres, mais devient pour eux une volonté particulière et individuelle, qui a sa règle de justice dans la loi de nature, ce qui rentre également dans le principe établi : car alors la grande ville du monde devient le corps politique dont la loi de nature est toujours la volonté générale, et dont les États et peuples divers ne sont que des membres individuels.

De ces mêmes distinctions appliquées à chaque société politique et à ses membres, découlent les règles

les plus universelles et les plus sûres sur lesquelles on puisse juger d'un bon ou d'un mauvais gouvernement, et en général, de la moralité de toutes les actions humaines.

Toute société politique est composée d'autres sociétés plus petites, de différentes espèces dont chacune a ses intérêts et ses maximes ; mais ces sociétés que chacun aperçoit, parce qu'elles ont une forme extérieure et autorisée, ne sont pas les seules qui existent réellement dans l'État ; tous les particuliers qu'un intérêt commun réunit, en composent autant d'autres, permanentes ou passagères, dont la force n'est pas moins réelle pour être moins apparente, et dont les divers rapports bien observés font la véritable connaissance des mœurs. Ce sont toutes ces associations tacites ou formelles qui modifient de tant de manières les apparences de la volonté publique par l'influence de la leur. La volonté de ces sociétés particulières a toujours deux relations ; pour les membres de l'association, c'est une volonté générale ; pour la grande société, c'est une volonté particulière, qui très souvent se trouve droite au premier égard, et vicieuse au second. Tel peut être prêtre dévot, ou brave soldat, ou patricien zélé, et mauvais citoyen. Telle délibération peut être avantageuse à la petite communauté, et très pernicieuse à la grande. Il est vrai que les sociétés particulières étant toujours subordonnées à celles qui les contiennent, on doit obéir à celles-ci préférablement aux autres, que les devoirs du citoyen vont avant ceux du sénateur, et ceux de l'homme avant ceux du citoyen : mais malheureusement l'intérêt personnel se trouve toujours en raison inverse du devoir, et augmente à mesure que l'association devient plus étroite et l'engagement moins sacré ; preuve invincible que la volonté la plus générale est aussi toujours la plus juste, et que la voix du peuple est en effet la voix de Dieu.

Il ne s'ensuit pas pour cela que les délibérations publiques soient toujours équitables ; elles peuvent ne l'être pas lorsqu'il s'agit d'affaires étrangères ; j'en ai dit la raison. Ainsi, il n'est pas impossible qu'une république bien gouvernée fasse une guerre injuste. Il ne l'est pas non plus que le Conseil d'une démocratie passe de mauvais décrets et condamne les innocents : mais cela n'arrivera jamais que le peuple ne soit séduit par des intérêts particuliers, qu'avec du crédit et de l'éloquence quelques hommes adroits sauront substituer aux siens. Alors autre chose sera la délibération publique, et autre chose la volonté générale. Qu'on ne m'oppose donc point la démocratie d'Athènes, parce qu'Athènes n'était point en effet une démocratie, mais une aristocratie très tyrannique, gouvernée par des savants et des orateurs. Examinez avec soin ce qui se passe dans une délibération quelconque, et vous verrez que la volonté générale est toujours pour le bien commun ; mais très souvent il se fait une scission secrète, une confédération tacite, qui pour des vues particulières sait éluder la disposition naturelle de l'assemblée. Alors le corps social se divise réellement en d'autres dont les membres prennent une volonté générale, bonne et juste à l'égard de ces nouveaux corps, injuste et mauvaise à l'égard du tout dont chacun d'eux se démembre.

On voit avec quelle facilité l'on explique à l'aide de ces principes, les contradictions apparentes qu'on remarque dans la conduite de tant d'hommes remplis de scrupule et d'honneur à certains égards, trompeurs et fripons à d'autres, foulant aux pieds les plus sacrés devoirs, et fidèles jusqu'à la mort à des engagements souvent illégitimes. C'est ainsi que les hommes les plus corrompus rendent toujours quelque sorte d'hommage à la foi publique : c'est ainsi (comme on l'a remarqué à l'*article* Droit[5]) que les brigands mêmes, qui sont les ennemis de la vertu dans la grande société, en adorent le simulacre dans leurs cavernes.

En établissant la volonté générale pour premier principe de l'*économie* publique et règle fondamentale du gouvernement, je n'ai pas cru nécessaire d'examiner sérieusement si les magistrats appartiennent au peuple ou le peuple aux magistrats, et si dans les affaires publiques on doit consulter le bien de l'État ou celui des chefs. Depuis longtemps cette question a été décidée d'une manière par la pratique, et d'une autre par la raison ; et en général ce serait une grande folie d'espérer que ceux qui dans le fait sont les maîtres préféreront un autre intérêt au leur. Il serait donc à propos de diviser encore l'*économie* publique en populaire et tyrannique. La première est celle de tout État, où règne entre le peuple et les chefs unité d'intérêt et de volonté ; l'autre existera nécessairement partout où le gouvernement et le peuple auront des intérêts différents et par conséquent des volontés opposées. Les maximes de celle-ci sont inscrites au long dans les archives de l'histoire et dans les satires de Machiavel[6]. Les autres ne se trouvent que dans les écrits des philosophes qui osent réclamer les droits de l'humanité.

I. La première et plus importante maxime du gouvernement légitime ou populaire, c'est-à-dire de celui qui a pour objet le bien du peuple, est donc, comme je l'ai dit, de suivre en tout la volonté générale ; mais pour la suivre il faut la connaître, et surtout la bien distinguer de la volonté particulière en commençant par soi-même ; distinction toujours fort difficile à faire, et pour laquelle il n'appartient qu'à la plus sublime vertu de donner de suffisantes lumières. Comme pour vouloir il faut être libre, une autre difficulté qui n'est guère moindre, est d'assurer à la fois la liberté publique et l'autorité du gouvernement. Cherchez les motifs qui ont porté les hommes unis par leurs besoins mutuels dans la grande société, à s'unir plus étroitement par des sociétés civiles ; vous n'en trouverez point d'autre que celui d'assurer les biens, la vie, et la liberté de chaque membre par la protection de tous : or comment forcer les hommes à défendre la liberté de l'un d'entre eux, sans porter atteinte à celle des autres ? et comment pourvoir aux besoins publics sans altérer la propriété particulière de ceux qu'on force d'y contribuer ? De quelques sophismes qu'on puisse colorer tout cela, il est certain que si l'on peut contraindre ma volonté, je ne suis plus libre, et que je ne suis plus maître de mon bien, si quelque autre peut y toucher. Cette difficulté, qui devait sembler insurmontable, a été levée avec la première par la plus sublime de toutes les institutions humaines, ou plutôt par une inspiration céleste, qui apprit à l'homme à imiter ici-bas les décrets immuables de la divinité. Par quel art inconcevable a-t-on pu trouver le moyen d'assujettir les hommes pour les rendre libres ? d'employer au service de l'État les biens, les bras, et la vie même de tous ses membres, sans les contraindre et sans les consulter ? d'enchaîner leur volonté de leur propre aveu ? de faire valoir leur consentement contre leur refus, et de les forcer à se punir eux-mêmes quand ils font ce qu'ils n'ont pas voulu ? Comment se peut-il faire qu'ils obéissent et que personne ne commande, qu'ils servent et n'aient point de maître ; d'autant plus libres en effet que sous une apparente sujétion, nul ne perd de sa liberté que ce qui peut nuire à celle d'un autre ? Ces prodiges sont l'ouvrage de la loi. C'est à la loi seule que les hommes doivent la justice et la liberté. C'est cet organe salutaire de la volonté de tous, qui rétablit dans le droit l'égalité naturelle entre les hommes. C'est cette voix céleste qui dicte à chaque citoyen les préceptes de la raison publique, et lui apprend à agir selon les maximes de son propre jugement, et à n'être pas en contradiction avec lui-même. C'est elle seule aussi que les chefs doivent faire parler quand ils commandent ; car sitôt qu'indépendamment des lois, un homme en prétend soumettre un autre à sa volonté privée, il sort à l'instant de l'état civil, et se met vis-à-vis de lui dans le pur état de nature où l'obéissance n'est jamais prescrite que par la nécessité[7].

Le plus pressant intérêt du chef, de même que son devoir le plus indispensable, est donc de veiller à l'observation des lois dont il est le ministre, et sur lesquelles est fondée toute son autorité. S'il doit les faire observer aux autres, à plus forte raison doit-il les observer lui-même qui jouit de toute leur faveur. Car son exemple est de telle force, que quand même le peuple voudrait bien souffrir qu'il s'affranchît du joug de la loi, il devrait se garder de profiter d'une si dangereuse prérogative, que d'autres s'efforceraient bientôt d'usurper à leur tour, et souvent à son préjudice. Au fond, comme tous les engagements de la société sont réciproques par leur nature, il n'est pas possible de se mettre au-dessus de la loi sans renoncer à ses avantages, et personne ne doit rien à quiconque prétend ne rien devoir à personne. Par la même raison nulle exemption de la loi ne sera jamais accordée à quelque titre que ce puisse être dans un gouvernement bien policé. Les citoyens mêmes qui ont bien mérité de la patrie doivent être récompensés par des honneurs et jamais par des privilèges : car la république est à la veille de sa ruine, sitôt que quelqu'un peut penser qu'il est beau de ne pas obéir aux lois. Mais si jamais la noblesse ou le militaire, ou quelque autre ordre de l'État, adoptait une pareille maxime, tout serait perdu sans ressource.

La puissance des lois dépend encore plus de leur propre sagesse que de la sévérité de leurs ministres, et la volonté publique tire son plus grand poids de la raison qui l'a dictée : c'est pour cela que Platon regarde comme une précaution très importante de mettre toujours à la tête des édits un préambule raisonné qui en montre la justice et l'utilité. En effet, la première des lois est de respecter les lois : la rigueur des châtiments n'est qu'une vaine ressource imaginée par de petits esprits pour substituer la terreur à ce respect qu'ils ne peuvent obtenir. On a toujours remarqué que les pays où les supplices sont les plus terribles, sont aussi ceux où ils sont les plus fréquents ; de sorte que la cruauté des peines ne marque guère que la multitude des infracteurs, et qu'en punissant tout avec la même sévérité, l'on force les coupables de commettre des crimes pour échapper à la punition de leurs fautes.

Mais quoique le gouvernement ne soit pas le maître de la loi, c'est beaucoup d'en être le garant et d'avoir mille moyens de la faire aimer. Ce n'est qu'en cela que consiste le talent de régner[8]. Quand on a la force en main, il n'y a point d'art à faire trembler tout le monde, et il n'y en a pas même beaucoup à gagner les cœurs ; car l'expérience a depuis longtemps appris au peuple à tenir grand compte à ses chefs de tout le mal qu'ils ne lui font pas, et à les adorer quand il n'en est pas haï. Un imbécile obéi peut comme un autre punir les forfaits : le véritable homme d'État sait les prévenir ; c'est sur les volontés encore plus que sur les actions qu'il étend son respectable empire. S'il pouvait obtenir que tout le monde fît bien, il n'aurait lui-même plus rien à faire, et le chef-d'œuvre de ses travaux serait de pouvoir rester oisif. Il est certain, du moins, que le plus grand talent des chefs est de déguiser leur pouvoir pour le rendre moins odieux, et de conduire l'État si paisiblement qu'il semble n'avoir pas besoin de conducteurs.

Je conclus donc que comme le premier devoir du législateur est de conformer les lois à la volonté générale, la première règle de l'*économie* publique est que l'administration soit conforme aux lois. C'en sera même assez pour que l'État ne soit pas mal gouverné, si le législateur a pourvu comme il le devait à tout ce qu'exigeaient les lieux, le climat, le sol, les mœurs, le voisinage, et tous les rapports particuliers du peuple qu'il avait à instituer. Ce n'est pas qu'il ne reste encore une infinité de détails de police et d'*économie*, abandonnés à la sagesse du gouvernement; mais il a toujours deux règles infaillibles pour se bien conduire dans ces occasions; l'une est l'esprit de la loi qui doit servir à la décision des cas qu'elle n'a pu prévoir; l'autre est la volonté générale, source et supplément de toutes les lois, et qui doit toujours être consultée à leur défaut. Comment, me dira-t-on, connaître la volonté générale dans les cas où elle ne s'est point expliquée? Faudra-t-il assembler toute la nation à chaque événement imprévu? Il faudra d'autant moins l'assembler, qu'il n'est pas sûr que sa décision fût l'expression de la volonté générale; que ce moyen est impraticable dans un grand peuple, et qu'il est rarement nécessaire quand le gouvernement est bien intentionné: car les chefs savent assez que la volonté générale est toujours pour le parti le plus favorable à l'intérêt public, c'est-à-dire le plus équitable; de sorte qu'il ne faut qu'être juste pour s'assurer de suivre la volonté générale. Souvent quand on la choque trop ouvertement, elle se laisse apercevoir malgré le frein terrible de l'autorité publique. Je cherche le plus près qu'il m'est possible les exemples à suivre en pareil cas. À la Chine, le prince a pour maxime constante de donner le tort à ses officiers dans toutes les altercations qui s'élèvent entre eux et le peuple. Le pain est-il cher dans une province ? l'intendant est mis en prison : se fait-il dans une autre une émeute ? le gouverneur est cassé, et chaque mandarin répond sur sa tête de tout le mal qui arrive dans son département. Ce n'est pas qu'on n'examine ensuite l'affaire dans un procès régulier : mais une longue expérience en a fait prévenir ainsi le jugement. L'on a rarement en cela quelque injustice à réparer ; et l'empereur, persuadé que la clameur publique ne s'élève jamais sans sujet, démêle toujours au travers des cris séditieux qu'il punit, de justes griefs qu'il redresse.

C'est beaucoup que d'avoir fait régner l'ordre et la paix dans toutes les parties de la république ; c'est beaucoup que l'État soit tranquille et la loi respectée : mais si l'on ne fait rien de plus il y aura dans tout cela plus d'apparence que de réalité, et le gouvernement se fera difficilement obéir s'il se borne à l'obéissance. S'il est bon de savoir employer les hommes tels qu'ils sont, il vaut beaucoup mieux encore les rendre tels qu'on a besoin qu'ils soient ; l'autorité la plus absolue est celle qui pénètre jusqu'à l'intérieur de l'homme, et ne s'exerce pas moins sur la volonté que sur les actions[9]. Il est certain que les peuples sont à la longue ce que le gouvernement les fait être. Guerriers, citoyens, hommes, quand il le veut ; populace et canaille, quand il lui plaît : et tout prince qui méprise ses sujets se déshonore lui-même en montrant qu'il n'a pas su les rendre estimables. Formez donc des hommes si vous voulez commander à des hommes : si vous voulez qu'on obéisse aux lois, faites qu'on les aime, et que pour faire ce qu'on doit, il suffise de songer qu'on le doit faire. C'était là le grand art des gouvernements anciens, dans ces temps reculés où les philosophes donnaient des lois aux peuples, et n'employaient leur autorité qu'à les rendre sages et heureux. De là tant de lois somptuaires, tant de règlements sur les mœurs, tant de maximes publiques admises ou rejetées avec le plus grand soin. Les tyrans mêmes n'oubliaient pas cette importante partie de l'administration, et on les voyait attentifs à corrompre les mœurs de leurs esclaves avec autant de soin qu'en avaient les magistrats à corriger celles de leurs concitoyens. Mais nos gouvernements modernes qui croient avoir tout fait quand ils ont tiré de l'argent, n'imaginent pas même qu'il soit nécessaire ou possible d'aller jusque-là.

II. Seconde règle essentielle de l'*économie* publique, non moins importante que la première. Voulez-vous que la volonté générale soit accomplie ? faites que toutes les volontés particulières s'y rapportent ; et comme la vertu n'est que cette conformité de la volonté particulière à la générale, pour dire la même chose en un mot, faites régner la vertu[10].

Si les politiques étaient moins aveuglés par leur ambition, ils verraient combien il est impossible qu'aucun établissement quel qu'il soit, puisse marcher selon l'esprit de son institution, s'il n'est dirigé selon la loi du devoir ; ils sentiraient que le plus grand ressort de l'autorité publique est dans le cœur des citoyens, et que rien ne peut suppléer aux mœurs pour le maintien du gouvernement. Non seulement il n'y a que des gens de bien qui sachent administrer les lois, mais il n'y a dans le fond que d'honnêtes gens qui sachent leur obéir. Celui qui vient à bout de braver les remords, ne tardera pas à braver les supplices ; châtiment moins rigoureux, moins continuel, et auquel on a du moins l'espoir d'échapper ; et quelques précautions qu'on prenne, ceux qui n'attendent que l'impunité pour mal faire, ne manquent guère de moyens d'éluder la loi ou d'échapper à la peine. Alors comme tous les intérêts particuliers se réunissent contre l'intérêt général qui n'est plus celui de personne, les vices publics ont plus de force pour énerver les lois, que les lois n'en ont pour réprimer les vices ; et la corruption du peuple et des chefs s'étend enfin jusqu'au gouvernement, quelque sage qu'il puisse être : le pire de tous les abus est de n'obéir en apparence aux lois que pour les enfreindre en effet avec sûreté. Bientôt les meilleures lois deviennent les plus funestes : il vaudrait mieux cent fois qu'elles n'existassent pas ; ce serait une ressource qu'on aurait encore quand il n'en reste plus. Dans une pareille situation l'on ajoute vainement édits sur édits, règlements sur règlements. Tout cela ne sert qu'à introduire d'autres abus sans corriger les premiers. Plus vous multipliez les lois, plus vous les rendez méprisables : et tous les surveillants que vous instituez ne sont que de nouveaux infracteurs destinés à partager avec les anciens, ou à faire leur pillage à part. Bientôt le prix de la vertu devient celui du brigandage : les hommes les plus vils sont les plus accrédités ; plus ils sont grands, plus ils sont méprisables ; leur infamie éclate dans leurs dignités, et ils sont déshonorés par leurs honneurs. S'ils achètent les suffrages des chefs ou la protection des femmes, c'est pour vendre à leur tour la justice, le devoir et l'État ; et le peuple qui ne voit pas que ses vices sont la première cause de ses malheurs, murmure et s'écrie en gémissant : « Tous mes maux ne viennent que de ceux que je paye pour m'en garantir. »

C'est alors qu'à la voix du devoir qui ne parle plus dans les cœurs, les chefs sont forcés de substituer le cri de la terreur ou le leurre d'un intérêt apparent dont ils trompent leurs créatures. C'est alors qu'il faut recourir à toutes les petites et méprisables ruses qu'ils appellent *maximes d'État* et *mystères du cabinet*. Tout ce qui reste de vigueur au gouvernement est employé par ses membres à se perdre et supplanter l'un l'autre, tandis que les affaires demeurent abandonnées, ou ne se font qu'à mesure que l'intérêt personnel le demande, et selon qu'il les dirige. Enfin toute l'habileté de ces grands politiques est de fasciner tellement les yeux de ceux dont ils ont besoin, que chacun croie travailler pour son intérêt en travaillant pour *le leur*; je dis le leur, si tant est qu'en effet le véritable intérêt des chefs soit d'anéantir les peuples pour les soumettre, et de ruiner leur propre bien pour s'en assurer la possession.

Mais quand les citoyens aiment leur devoir, et que les dépositaires de l'autorité publique s'appliquent sincèrement à nourrir cet amour par leur exemple et par leurs soins, toutes les difficultés s'évanouissent, l'administration prend une facilité qui la dispense de cet art ténébreux dont la noirceur fait tout le mystère. Ces esprits vastes, si dangereux et si admirés, tous ces grands ministres dont la gloire se confond avec les malheurs du peuple, ne sont plus regrettés; les mœurs publiques suppléent au génie des chefs; et plus la vertu règne, moins les talents sont nécessaires. L'ambition même est mieux servie par le devoir que par l'usurpation : le peuple convaincu que ses chefs ne travaillent qu'à faire son bonheur, les dispense par sa déférence de travailler à affermir leur pouvoir; et l'histoire nous montre en mille endroits que l'autorité qu'il accorde à ceux qu'il aime et dont il est aimé, est cent fois plus absolue que toute la tyrannie des usurpateurs. Ceci ne signifie pas que le gouvernement doive craindre d'user de son pouvoir, mais qu'il n'en doit user que d'une manière légitime. On trouvera dans l'histoire mille exemples de chefs ambitieux ou pusillanimes, que la mollesse ou l'orgueil ont perdus, aucun qui se soit mal trouvé de n'être qu'équitable. Mais on ne doit pas confondre la négligence avec la modération, ni la douceur avec la faiblesse. Il faut être sévère pour être juste : souffrir la méchanceté qu'on a le droit et le pouvoir de réprimer, c'est être méchant soi-même.

Ce n'est pas assez de dire aux citoyens, soyez bons ; il faut leur apprendre à l'être ; et l'exemple même, qui est à cet égard la première leçon, n'est pas le seul moyen qu'il faille employer : l'amour de la patrie est le plus efficace ; car comme je l'ai déjà dit, tout homme est vertueux quand sa volonté particulière est conforme en tout à la volonté générale, et nous voulons volontiers ce que veulent les gens que nous aimons.

Il semble que le sentiment de l'humanité s'évapore et s'affaiblisse en s'étendant sur toute la terre, et que nous ne saurions être touchés des calamités de la Tartarie ou du Japon, comme de celles d'un peuple européen. Il faut en quelque manière borner et comprimer l'intérêt et la commisération pour lui donner de l'activité. Or comme ce penchant en nous ne peut être utile qu'à ceux avec qui nous avons à vivre, il est bon que l'humanité concentrée entre les concitoyens, prenne en eux une nouvelle force par l'habitude de se voir, et par l'intérêt commun qui les réunit. Il est certain que les plus grands prodiges de vertu ont été produits par l'amour de la patrie : ce sentiment doux et vif qui joint la force de l'amour-propre à toute la beauté de la vertu, lui donne une énergie qui sans la défigurer, en fait la plus héroïque de toutes les passions. C'est lui qui produisit tant d'actions immortelles dont l'éclat éblouit nos faibles yeux, et tant de grands hommes dont les antiques vertus passent pour des fables depuis que l'amour de la patrie est tourné en dérision. Ne nous en étonnons pas ; les transports des cœurs tendres paraissent autant de chimères à quiconque ne les a point sentis ; et l'amour de la patrie plus vif et plus délicieux cent fois que celui d'une maîtresse, ne se conçoit de même qu'en l'éprouvant : mais il est aisé de remarquer dans tous les cœurs qu'il échauffe, dans toutes les actions qu'il inspire, cette ardeur bouillante et sublime dont ne brille pas la plus pure vertu quand elle en est séparée. Osons opposer Socrate même à Caton : l'un était plus philosophe, et l'autre plus citoyen. Athènes était déjà perdue, et Socrate n'avait plus de patrie que le monde entier : Caton porta toujours la sienne au fond de son cœur ; il ne vivait que pour elle et ne put lui survivre. La vertu de Socrate est celle du plus sage des hommes : mais entre César et Pompée, Caton semble un dieu parmi les mortels. L'un instruit quelques particuliers, combat les sophistes, et meurt pour la vérité : l'autre défend l'État, la liberté, les lois, contre les conquérants du monde, et quitte enfin la terre quand il n'y voit plus de patrie à servir. Un digne élève de Socrate serait le plus vertueux de ses contemporains ; un digne émule de Caton en serait le plus grand. La vertu du premier ferait son bonheur, le second chercherait son bonheur dans celui de tous. Nous serions instruits par l'un et conduits par l'autre, et cela seul déciderait de la préférence : car on n'a jamais fait un peuple de sages, mais il n'est pas impossible de rendre un peuple heureux.

Voulons-nous que les peuples soient vertueux ? commençons donc par leur faire aimer la patrie : mais comment l'aimeront-ils, si la patrie n'est rien de plus pour eux que pour des étrangers, et qu'elle ne leur accorde que ce qu'elle ne peut refuser à personne ? Ce serait bien pis s'ils n'y jouissaient pas même de la sûreté civile, et que leurs biens, leur vie ou leur liberté fussent à la discrétion des hommes puissants, sans qu'il leur fût possible ou permis d'oser réclamer les lois. Alors soumis aux devoirs de l'état civil, sans jouir même des droits de l'état de nature et sans pouvoir employer leurs forces pour se défendre, ils seraient par conséquent dans la pire condition où se puissent trouver des hommes libres, et le mot de *patrie* ne pourrait avoir pour eux qu'un sens odieux ou ridicule. Il ne faut pas croire que l'on puisse offenser ou couper un bras, que la douleur ne s'en porte à la tête ; et il n'est pas plus croyable que la volonté générale consente qu'un membre de l'État quel qu'il soit en blesse ou détruise un autre, qu'il ne l'est que les doigts d'un homme usant de sa raison aillent lui crever les yeux. La sûreté particulière est tellement liée avec la confédération publique, que sans les égards que l'on doit à la faiblesse humaine, cette convention serait dissoute par le droit, s'il périssait dans l'État un seul citoyen qu'on eût pu secourir ; si l'on en retenait à tort un seul en prison, et s'il se perdait un seul procès avec une injustice évidente : car les conventions fondamentales étant enfreintes, on ne voit plus quel droit ni quel intérêt pourrait maintenir le peuple dans l'union sociale, à moins qu'il n'y fût retenu par la seule force qui fait la dissolution de l'état civil.

En effet, l'engagement du corps de la nation n'est-il pas de pourvoir à la conservation du dernier de ses membres avec autant de soin qu'à celle de tous les autres ? et le salut d'un citoyen est-il moins la cause commune que celui de tout l'État[11] ? Qu'on nous dise qu'il est bon qu'un seul périsse pour tous, j'admirerai cette sentence dans la bouche d'un digne et vertueux patriote qui se consacre volontairement et par devoir à la mort pour le salut de son pays : mais si l'on entend qu'il soit permis au gouvernement de sacrifier un innocent au salut de la multitude, je tiens cette maxime pour une des plus exécrables que jamais la tyrannie ait inventées, la plus fausse qu'on puisse avancer, la plus dangereuse que l'on puisse admettre, et la plus directement opposée aux lois fondamentales de la société. Loin qu'un seul doive périr pour tous, tous ont engagé leurs biens et leurs vies à la défense de chacun d'eux, afin que la faiblesse particulière fût toujours protégée par la force publique, et chaque membre par tout l'État. Après avoir par supposition retranché du peuple un individu après l'autre, pressez les partisans de cette maxime à mieux expliquer ce qu'ils entendent par *le corps de l'État*, et vous verrez qu'ils le réduiront à la fin à un petit nombre d'hommes qui ne sont pas le peuple, mais les officiers du peuple, et qui s'étant obligés par un serment particulier à périr eux-mêmes pour son salut, prétendent prouver par là que c'est à lui de périr pour le leur.

Veut-on trouver des exemples de la protection que l'État doit à ses membres, et du respect qu'il doit à leurs personnes ? ce n'est que chez les plus illustres et les plus courageuses nations de la terre qu'il faut les chercher, et il n'y a guère que les peuples libres où l'on sache ce que vaut un homme. À Sparte, on sait en quelle perplexité se trouvait toute la république lorsqu'il était question de punir un citoyen coupable. En Macédoine, la vie d'un homme était une affaire si importante, que dans toute la grandeur d'Alexandre, ce puissant monarque n'eût osé de sang-froid faire mourir un Macédonien criminel, que l'accusé n'eût comparu pour se défendre devant ses concitoyens, et n'eût été condamné par eux. Mais les Romains se distinguèrent au-dessus de tous les peuples de la terre par les égards du gouvernement pour les particuliers, et par son attention scrupuleuse à respecter les droits inviolables de tous les membres de l'État. Il n'y avait rien de si sacré que la vie des simples citoyens ; il ne fallait pas moins que l'assemblée de tout le peuple pour en condamner un : le Sénat même ni les consuls, dans toute leur majesté, n'en avaient pas le droit, et chez le plus puissant peuple du monde le crime et la peine d'un citoyen étaient une désolation publique ; aussi parut-il si dur d'en verser le sang pour quelque crime que ce pût être, que par la loi *Porcia* la peine de mort fut commuée en celle de l'exil, pour tous ceux qui voudraient survivre à la perte d'une si douce patrie. Tout respirait à Rome et dans les armées cet amour des concitoyens les uns pour les autres, et ce respect pour le nom romain qui élevait le courage et animait la vertu de quiconque avait l'honneur de le porter. Le chapeau d'un citoyen délivré d'esclavage, la couronne civique de celui qui avait sauvé la vie à un autre, étaient ce qu'on regardait avec le plus de plaisir dans la pompe des triomphes ; et il est à remarquer que des couronnes dont on honorait à la guerre les belles actions, il n'y avait que la civique et celle des triomphateurs qui fussent d'herbe et de feuilles, toutes les autres n'étaient que d'or. C'est ainsi que Rome fut vertueuse et devint la maîtresse du monde. Chefs ambitieux ! Un pâtre gouverne ses chiens et ses troupeaux, et n'est que le dernier des hommes. S'il est beau de commander, c'est quand ceux qui nous obéissent peuvent nous honorer : respectez donc vos concitoyens, et vous vous rendrez respectables ; respectez la liberté, et votre puissance augmentera tous les jours : ne passez jamais vos droits, et bientôt ils seront sans bornes.

Que la patrie se montre donc la mère commune des citoyens, que les avantages dont ils jouissent dans leur pays le leur rendent cher, que le gouvernement leur laisse assez de part à l'administration publique pour sentir qu'ils sont chez eux, et que les lois ne soient à leurs yeux que les garants de la commune liberté. Ces droits, tout beaux qu'ils sont, appartiennent à tous les hommes ; mais sans paraître les attaquer directement, la mauvaise volonté des chefs en réduit aisément l'effet à rien. La loi dont on abuse sert à la fois au puissant d'arme offensive, et de bouclier contre le faible, et le prétexte du bien public est toujours le plus dangereux fléau du peuple. Ce qu'il y a de plus nécessaire, et peut-être de plus difficile dans le gouvernement, c'est une intégrité sévère à rendre justice à tous, et surtout à protéger le pauvre contre la tyrannie du riche. Le plus grand mal est déjà fait, quand on a des pauvres à défendre et des riches à contenir. C'est sur la médiocrité seule que s'exerce toute la force des lois ; elles sont également impuissantes contre les trésors du riche et contre la misère du pauvre ; le premier les élude, le second leur échappe ; l'un brise la toile, et l'autre passe au travers.

C'est donc une des plus importantes affaires du gouvernement de prévenir l'extrême inégalité des fortunes, non en enlevant les trésors à leurs possesseurs, mais en ôtant à tous les moyens d'en accumuler, ni en bâtissant des hôpitaux pour les pauvres, mais en garantissant les citoyens de le devenir. Les hommes inégalement distribués sur le territoire, et entassés dans un lieu tandis que les autres se dépeuplent ; les arts d'agrément et de pure industrie favorisés aux dépens des métiers utiles et pénibles ; l'agriculture sacrifiée au commerce ; le publicain rendu nécessaire par la mauvaise administration des deniers de l'État ; enfin la vénalité poussée à tel excès, que la considération se compte avec les pistoles, et que les vertus mêmes se vendent à prix d'argent ; telles sont les causes les plus sensibles de l'opulence et de la misère, de l'intérêt particulier substitué à l'intérêt public, de la haine mutuelle des citoyens, de leur indifférence pour la cause commune, de la corruption du peuple, et de l'affaiblissement de tous les ressorts du gouvernement. Tels sont par conséquent les maux qu'on guérit difficilement quand ils se font sentir, mais qu'une sage administration doit prévenir, pour maintenir avec les bonnes mœurs le respect pour les lois, l'amour de la patrie, et la vigueur de la volonté générale.

Mais toutes ces précautions seront insuffisantes, si l'on ne s'y prend de plus loin encore. Je finis cette partie de l'*économie* publique, par où j'aurais dû la commencer. La patrie ne peut subsister sans la liberté, ni la liberté sans la vertu, ni la vertu sans les citoyens ; vous aurez tout si vous formez des citoyens ; sans cela vous n'aurez que de méchants esclaves, à commencer par les chefs de l'État. Or former des citoyens n'est pas l'affaire d'un jour ; et pour les avoir hommes, il faut les instruire enfants. Qu'on me dise que quiconque a des hommes à gouverner, ne doit pas chercher hors de leur nature une perfection dont ils ne sont pas susceptibles ; qu'il ne doit pas vouloir détruire en eux les passions, et que l'exécution d'un pareil projet ne serait pas plus désirable que possible. Je conviendrai d'autant mieux de tout cela, qu'un homme qui n'aurait point de passions serait certainement un fort mauvais citoyen : mais il faut convenir aussi que si l'on n'apprend point aux hommes à n'aimer rien, il n'est pas impossible de leur apprendre à aimer un objet plutôt qu'un autre, et ce qui est véritablement beau, plutôt que ce qui est difforme. Si, par exemple, on les exerce assez tôt à ne jamais regarder leur individu que par ses relations avec le corps de l'État, et à n'apercevoir, pour ainsi dire, leur propre existence que comme une partie de la sienne, ils pourront parvenir enfin à s'identifier en quelque sorte avec ce plus grand tout, à se sentir membres de la patrie, à l'aimer de ce sentiment exquis que tout homme isolé n'a que pour soi-même, à élever perpétuellement leur âme à ce grand objet, et à transformer ainsi en une vertu sublime, cette disposition dangereuse d'où naissent tous nos vices. Non seulement la philosophie démontre la possibilité de ces nouvelles directions, mais l'Histoire en fournit mille exemples éclatants : s'ils sont si rares parmi nous, c'est que personne ne se soucie qu'il y ait des citoyens, et qu'on s'avise encore moins de s'y prendre assez tôt pour les former. Il n'est plus temps de changer nos inclinations naturelles quand elles ont pris leur cours, et que l'habitude s'est jointe à l'amour-propre ; il n'est plus temps de nous tirer hors de nous-mêmes, quand une fois le *moi humain* concentré dans nos cœurs y a acquis cette méprisable activité qui absorbe toute vertu et fait la vie des petites âmes. Comment l'amour de la patrie pourrait-il germer au milieu de tant d'autres passions qui l'étouffent ? et que reste-t-il pour les concitoyens d'un cœur déjà partagé entre l'avarice, une maîtresse, et la vanité ?

C'est du premier moment de la vie qu'il faut apprendre à mériter de vivre ; et comme on participe en naissant aux droits des citoyens, l'instant de notre naissance doit être le commencement de l'exercice de nos devoirs. S'il y a des lois pour l'âge mûr, il doit y en avoir pour l'enfance, qui enseignent à obéir aux autres ; et comme on ne laisse pas la raison de chaque homme unique arbitre de ses devoirs, on doit d'autant moins abandonner aux lumières et aux préjugés des pères l'éducation de leurs enfants, qu'elle importe à l'État encore plus qu'aux pères ; car selon le cours de la nature, la mort du père lui dérobe souvent les derniers fruits de cette éducation, mais la patrie en sent tôt ou tard les effets ; l'État demeure, et la famille se dissout. Que si l'autorité publique en prenant la place des pères, et se chargeant de cette importante fonction, acquiert leurs droits en remplissant leurs devoirs, ils ont d'autant moins sujet de s'en plaindre, qu'à cet égard ils ne font proprement que changer de nom, et qu'ils auront en commun, sous le nom de citoyens, la même autorité sur leurs enfants qu'ils exerçaient séparément sous le nom de *pères*, et n'en seront pas moins obéis en parlant au nom de la loi, qu'ils l'étaient en parlant au nom de la nature. L'éducation publique sous des règles prescrites par le gouvernement, et sous des magistrats établis par le souverain, est donc une des maximes fondamentales du gouvernement populaire ou légitime. Si les enfants sont élevés en commun dans le sein de l'égalité, s'ils sont imbus des lois de l'État et des maximes de la volonté générale, s'ils sont instruits à les respecter par-dessus toutes choses, s'ils sont environnés d'exemples et d'objets qui leur parlent sans cesse de la tendre mère qui les nourrit, de l'amour qu'elle a pour eux, des biens inestimables qu'ils reçoivent d'elle, et du retour qu'ils lui doivent, ne doutons pas qu'ils n'apprennent ainsi à se chérir mutuellement comme des frères, à ne vouloir jamais que ce que veut la société, à substituer des actions d'hommes et de citoyens au stérile et vain babil des sophistes, et à devenir un jour les défenseurs et les pères de la patrie dont ils auront été si longtemps les enfants[12].

Je ne parlerai point des magistrats destinés à présider à cette éducation, qui certainement est la plus importante affaire de l'État. On sent que si de telles marques de la confiance publique étaient légèrement accordées, si cette fonction sublime n'était pour ceux qui auraient dignement rempli toutes les autres le prix de leurs travaux, l'honorable et doux repos de leur vieillesse, et le comble de tous les hommes, toute l'entreprise serait inutile et l'éducation sans succès ; car partout où la leçon n'est pas soutenue par l'autorité, et le précepte par l'exemple, l'instruction demeure sans fruit, et la vertu même perd son crédit dans la bouche de celui qui ne la pratique pas. Mais que des guerriers illustres courbés sous le faix de leurs lauriers prêchent le courage ; que des magistrats intègres, blanchis dans la pourpre et sur les tribunaux, enseignent la justice; les uns et les autres se formeront ainsi de vertueux successeurs, et transmettront d'âge en âge aux générations suivantes, l'expérience et les talents des chefs, le courage et la vertu des citoyens, et l'émulation commune à tous de vivre et mourir pour la patrie.

Je ne sache que trois peuples qui aient autrefois pratiqué l'éducation publique; savoir, les Crétois, les Lacédémoniens, et les anciens Perses : chez tous les trois elle eut le plus grand succès, et fit des prodiges chez les deux derniers. Quand le monde s'est trouvé divisé en nations trop grandes pour pouvoir être bien gouvernées, ce moyen n'a plus été praticable; et d'autres raisons que le lecteur peut voir aisément, ont encore empêché qu'il n'ait été tenté chez aucun peuple moderne. C'est une chose très remarquable que les Romains aient pu s'en passer; mais Rome fut, durant cinq cents ans, un miracle continuel que le monde ne doit plus espérer de revoir. La vertu des Romains engendrée par l'horreur de la tyrannie et des crimes des tyrans, et par l'amour inné de la patrie, fit de toutes leurs maisons autant d'écoles de citoyens; et le pouvoir sans bornes des pères sur leurs enfants mit tant de sévérité dans la police particulière, que le père plus craint que les magistrats était dans son tribunal domestique le censeur des mœurs et le vengeur des lois.

C'est ainsi qu'un gouvernement attentif et bien intentionné, veillant sans cesse à maintenir ou rappeler chez le peuple l'amour de la patrie et les bonnes mœurs, prévient de loin les maux qui résultent tôt ou tard de l'indifférence des citoyens pour le sort de la république, et contient dans d'étroites bornes cet intérêt personnel, qui isole tellement les particuliers, que l'État s'affaiblit par leur puissance et n'a rien à espérer de leur bonne volonté. Partout où le peuple aime son pays, respecte les lois, et vit simplement, il reste peu de chose à faire pour le rendre heureux ; et dans l'administration publique où la fortune a moins de part qu'au sort des particuliers, la sagesse est si près du bonheur, que ces deux objets se confondent.

III. Ce n'est pas assez d'avoir des citoyens et de les protéger ; il faut encore songer à leur subsistance ; et pourvoir aux besoins publics est une suite évidente de la volonté générale, et le troisième devoir essentiel du gouvernement. Ce devoir n'est pas, comme on doit le sentir, de remplir les greniers des particuliers et les dispenser du travail, mais de maintenir l'abondance tellement à leur portée, que pour l'acquérir le travail soit toujours nécessaire et ne soit jamais inutile. Il s'étend aussi à toutes les opérations qui regardent l'entretien du fisc, et les dépenses de l'administration publique. Ainsi après avoir parlé de l'*économie* générale par rapport au gouvernement des personnes, il nous reste à la considérer par rapport à l'administration des biens.

Cette partie n'offre pas moins de difficultés à résoudre, ni de contradictions à lever que la précédente. Il est certain que le droit de propriété est le plus sacré de tous les droits des citoyens, et plus important à certains égards que la liberté même ; soit parce qu'il tient de plus près à la conservation de la vie ; soit parce que les biens étant plus faciles à usurper et plus pénibles à défendre que la personne, on doit plus respecter ce qui peut se ravir plus aisément ; soit enfin parce que la propriété est le vrai fondement de la société civile, et le vrai garant des engagements des citoyens : car si les biens ne répondaient pas des personnes, rien ne serait si facile que d'éluder ses devoirs et de se moquer des lois. D'un autre côté, il n'est pas moins sûr que le maintien de l'État et du gouvernement exige des frais et de la dépense ; et comme quiconque accorde la fin ne peut refuser les moyens, il s'ensuit que les membres de la société doivent contribuer de leurs biens à son entretien. De plus, il est difficile d'assurer d'un côté la propriété des particuliers sans l'attaquer d'un autre, et il n'est pas possible que tous les règlements qui regardent l'ordre des successions, les testaments, les contrats, ne gênent les citoyens à certains égards sur la disposition de leur propre bien, et par conséquent sur leur droit de propriété.

Mais outre ce que j'ai dit ci-devant de l'accord qui règne entre l'autorité de la loi et la liberté du citoyen, il y a par rapport à la disposition des biens une remarque importante à faire, qui lève bien des difficultés. C'est, comme l'a montré Pufendorf[13], que par la nature du droit de propriété, il ne s'étend point au-delà de la vie du propriétaire, et qu'à l'instant qu'un homme est mort, son bien ne lui appartient plus. Ainsi lui prescrire les conditions sous lesquelles il en peut disposer, c'est au fond moins altérer son droit en apparence, que l'étendre en effet.

En général, quoique l'institution des lois qui règlent le pouvoir des particuliers dans la disposition de leur propre bien n'appartienne qu'au souverain, l'esprit de ces lois que le gouvernement doit suivre dans leur application, est que de père en fils et de proche en proche, les biens de la famille en sortent et s'aliènent le moins qu'il est possible. Il y a une raison sensible de ceci en faveur des enfants, à qui le droit de propriété serait fort inutile, si le père ne leur laissait rien, et qui, de plus ayant souvent contribué par leur travail à l'acquisition des biens du père, sont de leur chef associés à son droit. Mais une autre raison plus éloignée et non moins importante, est que rien n'est plus funeste aux mœurs et à la république, que les changements continuels d'état et de fortune entre les citoyens; changements qui sont la preuve et la source de mille désordres, qui bouleversent et confondent tout, et par lesquels ceux qui sont élevés pour une chose, se trouvant destinés pour une autre, ni ceux qui montent ni ceux qui descendent ne peuvent prendre les maximes ni les lumières convenables à leur nouvel état, et beaucoup moins en remplir les devoirs. Je passe à l'objet des finances publiques.

Si le peuple se gouvernait lui-même, et qu'il n'y eût rien d'intermédiaire entre l'administration de l'État et les citoyens, ils n'auraient qu'à se cotiser dans l'occasion, à proportion des besoins publics et des facultés des particuliers ; et comme chacun ne perdrait jamais de vue le recouvrement ni l'emploi des deniers, il ne pourrait se glisser ni fraude ni abus dans leur maniement : l'État ne serait jamais obéré de dettes, ni le peuple accablé d'impôts, ou du moins la sûreté de l'emploi le consolerait de la dureté de la taxe. Mais les choses ne sauraient aller ainsi ; et quelque borné que soit un État, la société civile y est toujours trop nombreuse pour pouvoir être gouvernée par tous ses membres. Il faut nécessairement que les deniers publics passent par les mains des chefs, lesquels, outre l'intérêt de l'État, ont tous le leur particulier, qui n'est pas le dernier écouté. Le peuple de son côté, qui s'aperçoit plutôt de l'avidité des chefs et de leurs folles dépenses que des besoins publics, murmure de se voir dépouiller du nécessaire pour fournir au superflu d'autrui ; et quand une fois ces manœuvres l'ont aigri jusqu'à un certain point, la plus intègre administration ne viendrait pas à bout de rétablir la confiance. Alors si les contributions sont volontaires, elles ne produisent rien ; si elles sont forcées, elles sont illégitimes ; et c'est dans cette cruelle alternative de laisser périr l'État ou d'attaquer le droit sacré de la propriété, qui en est le soutien, que consiste la difficulté d'une juste et sage *économie*.

La première chose que doit faire, après l'établissement des lois, l'instituteur d'une république[14], c'est de trouver un fonds suffisant pour l'entretien des magistrats et autres officiers, et pour toutes les dépenses publiques. Ce fonds s'appelle *œrarium* ou *fisc*, s'il est en argent; *domaine public*, s'il est en terres, et ce dernier est de beaucoup préférable à l'autre, par des raisons faciles à voir. Quiconque aura suffisamment réfléchi sur cette matière ne pourra guère être à cet égard d'un autre avis que Bodin, qui regarde le domaine public comme le plus honnête et le plus sûr de tous les moyens de pourvoir aux besoins de l'État; et il est à remarquer que le premier soin de Romulus, dans la division des terres, fut d'en destiner le tiers à cet usage. J'avoue qu'il n'est pas impossible que le produit du domaine mal administré, se réduise à rien; mais il n'est pas de l'essence du domaine d'être mal administré.

Préalablement à tout emploi, ce fonds doit être assigné ou accepté par l'assemblée du peuple ou des états du pays, qui doit ensuite en déterminer l'usage. Après cette solennité, qui rend ces fonds inaliénables, ils changent, pour ainsi dire, de nature, et leurs revenus deviennent tellement sacrés, que c'est non seulement le plus infâme de tous les vols, mais un crime de lèse-majesté, que d'en détourner la moindre chose au préjudice de leur destination. C'est un grand déshonneur pour Rome, que l'intégrité du questeur Caton y ait été un sujet de remarque, et qu'un empereur récompensant de quelques écus le talent d'un chanteur, ait eu besoin d'ajouter que cet argent venait du bien de sa famille, et non de celui de l'État. Mais s'il se trouve peu de Galba, où chercherons-nous des Caton? et quand une fois le vice ne déshonorera plus, quels seront les chefs assez scrupuleux pour s'abstenir de toucher aux revenus publics abandonnés à leur discrétion, et pour ne pas s'en imposer bientôt à eux-mêmes, en affectant de confondre leurs vaines et scandaleuses dissipations avec la gloire de l'État, et les moyens d'étendre leur autorité, avec ceux d'augmenter sa puissance ? C'est surtout en cette délicate partie de l'administration, que la vertu est le seul instrument efficace, et que l'intégrité du magistrat est le seul frein capable de contenir son avarice. Les livres et tous les comptes des régisseurs servent moins à déceler leurs infidélités qu'à les couvrir ; et la prudence n'est jamais aussi prompte à imaginer de nouvelles précautions, que la friponnerie à les éluder. Laissez donc les registres et papiers, et remettez les finances en des mains fidèles ; c'est le seul moyen qu'elles soient fidèlement régies.

Quand une fois les fonds publics sont établis, les chefs de l'État en sont de droit les administrateurs ; car cette administration fait une partie du gouvernement, toujours essentielle, quoique non toujours également ; son influence augmente à mesure que celle des autres ressorts diminue ; et l'on peut dire qu'un gouvernement est parvenu à son dernier degré de corruption, quand il n'a plus d'autre nerf que l'argent : or comme tout gouvernement tend sans cesse au relâchement, cette seule raison montre pourquoi nul État ne peut subsister si ses revenus n'augmentent sans cesse.

Le premier sentiment de la nécessité de cette augmentation, est aussi le premier signe du désordre intérieur de l'État, et le sage administrateur, en songeant à trouver de l'argent pour pourvoir au besoin présent, ne néglige pas de rechercher la cause éloignée de ce nouveau besoin : comme un marin voyant l'eau gagner son vaisseau, n'oublie pas, en faisant jouer les pompes, de faire aussi chercher et boucher la voie.

De cette règle découle la plus importante maxime de l'administration des finances, qui est de travailler avec beaucoup plus de soin à prévenir les besoins, qu'à augmenter les revenus ; de quelque diligence qu'on puisse user, le secours qui ne vient qu'après le mal, et plus lentement, laisse toujours l'État en souffrance : tandis qu'on songe à remédier à un inconvénient, un autre se fait déjà sentir, et les ressources mêmes produisent de nouveaux inconvénients ; de sorte qu'à la fin la nation s'obère, le peuple est foulé, le gouvernement perd toute sa vigueur, et ne fait plus que peu de chose avec beaucoup d'argent. Je crois que de cette grande maxime bien établie, découlaient les prodiges des gouvernements anciens, qui faisaient plus avec leur parcimonie que les nôtres avec tous leurs trésors ; et c'est peut-être de là qu'est dérivée l'acception vulgaire du mot d'*économie*, qui s'entend plutôt du sage ménagement de ce qu'on a que des moyens d'acquérir ce que l'on n'a pas.

Indépendamment du domaine public, qui rend à l'État à proportion de la probité de ceux qui le régissent, si l'on connaissait assez toute la force de l'administration générale, surtout quand elle se borne aux moyens légitimes, on serait étonné des ressources qu'ont les chefs pour prévenir tous les besoins publics, sans toucher aux biens des particuliers. Comme ils sont les maîtres de tout le commerce de l'État, rien ne leur est si facile que de le diriger d'une manière qui pourvoie à tout, souvent sans qu'ils paraissent s'en mêler. La distribution des denrées, de l'argent et des marchandises par de justes proportions, selon les temps et les lieux, est le vrai secret des finances, et la source de leurs richesses, pourvu que ceux qui les administrent sachent porter leurs vues assez loin, et faire dans l'occasion une perte apparente et prochaine, pour avoir réellement des profits immenses dans un temps éloigné. Quand on voit un gouvernement payer des droits, loin d'en recevoir, pour la sortie des blés dans les années d'abondance, et pour leur introduction dans les années de disette, on a besoin d'avoir de tels faits sous les yeux pour les croire véritables, et on les mettrait au rang des romans, s'ils se fussent passés anciennement. Supposons que pour prévenir la disette dans les mauvaises années, on proposât d'établir des magasins publics, dans combien de pays l'entretien d'un établissement si utile ne servirait-il pas de prétexte à de nouveaux impôts ? À Genève ces greniers établis et entretenus par une sage administration, font la ressource publique dans les mauvaises années, et le principal revenu de l'État dans tous les temps ; *Alit et ditat*[15], c'est la belle et juste inscription qu'on lit sur la façade de l'édifice. Pour exposer ici le système économique d'un bon gouvernement, j'ai souvent tourné les yeux sur celui de cette république : heureux de trouver ainsi dans ma patrie l'exemple de la sagesse et du bonheur que je voudrais voir régner dans tous les pays.

Si l'on examine comment croissent les besoins d'un État, on trouvera que souvent cela arrive à peu près comme chez les particuliers, moins par une véritable nécessité, que par un accroissement de désirs inutiles, et que souvent on n'augmente la dépense que pour avoir le prétexte d'augmenter la recette ; de sorte que l'État gagnerait quelquefois à se passer d'être riche, et que cette richesse apparente lui est au fond plus onéreuse que ne serait la pauvreté même. On peut espérer, il est vrai, de tenir les peuples dans une dépendance plus étroite, en leur donnant d'une main ce qu'on leur a pris de l'autre, et ce fut la politique dont usa Joseph avec les Égyptiens ; mais ce vain sophisme est d'autant plus funeste à l'État, que l'argent ne rentre plus dans les mêmes mains dont il est sorti, et qu'avec de pareilles maximes on n'enrichit que des fainéants de la dépouille des hommes utiles.

Le goût des conquêtes est une des causes les plus sensibles et les plus dangereuses de cette augmentation. Ce goût, engendré souvent par une autre espèce d'ambition que celle qu'il semble annoncer, n'est pas toujours ce qu'il paraît être, et n'a pas tant pour véritable motif le désir apparent d'agrandir la nation, que le désir caché d'augmenter au-dedans l'autorité des chefs, à l'aide de l'augmentation des troupes, et à la faveur de la diversion que font les objets de la guerre dans l'esprit des citoyens.

Ce qu'il y a du moins de très certain, c'est que rien n'est si foulé ni si misérable que les peuples conquérants, et que leurs succès mêmes ne font qu'augmenter leurs misères : quand l'histoire ne nous l'apprendrait pas, la raison suffirait pour nous démontrer que plus un État est grand, et plus les dépenses y deviennent proportionnellement fortes et onéreuses ; car il faut que toutes les provinces fournissent leur contingent, aux frais de l'administration générale, et que chacune outre cela fasse pour la sienne particulière la même dépense que si elle était indépendante. Ajoutez que toutes les fortunes se font dans un lieu et se consomment dans un autre ; ce qui rompt bientôt l'équilibre du produit et de la consommation, et appauvrit beaucoup de pays pour enrichir une seule ville.

Autre source de l'augmentation des besoins publics, qui tient à la précédente. Il peut venir un temps où les citoyens ne se regardant plus comme intéressés à la cause commune, cesseraient d'être les défenseurs de la patrie, et où les magistrats aimeraient mieux commander à des mercenaires qu'à des hommes libres, ne fût-ce qu'afin d'employer en temps et lieu les premiers pour mieux assujettir les autres. Tel fut l'état de Rome sur la fin de la république et sous les empereurs ; car toutes les victoires des premiers Romains, de même que celles d'Alexandre, avaient été remportées par de braves citoyens, qui savaient donner au besoin leur sang pour la patrie, mais qui ne le vendaient jamais. Marius fut le premier qui dans la guerre de Jugurtha déshonora les légions, en y introduisant des affranchis, vagabonds, et autres mercenaires. Devenus les ennemis des peuples, qu'ils s'étaient chargés de rendre heureux, les tyrans établirent des troupes réglées, en apparence pour contenir l'étranger, et en effet pour opprimer l'habitant. Pour former ces troupes, il fallut enlever à la terre des cultivateurs, dont le défaut diminua la quantité des denrées, et dont l'entretien introduisit des impôts qui en augmentèrent le prix. Ce premier désordre fit murmurer les peuples : il fallut pour les réprimer multiplier les troupes, et par conséquent la misère ; et plus le désespoir augmentait, plus on se voyait contraint de l'augmenter encore pour en prévenir les effets. D'un autre côté ces mercenaires, qu'on pouvait estimer sur le prix auxquels ils se vendaient eux-mêmes, fiers de leur avilissement, méprisant les lois dont ils étaient protégés, et leurs frères dont ils mangeaient le pain, se crurent plus honorés d'être les satellites de César que les défenseurs de Rome ; et dévoués à une obéissance aveugle, tenaient par état le poignard levé sur leurs concitoyens, prêts à tout égorger au premier signal. Il ne serait pas difficile de montrer que ce fut là une des principales causes de la ruine de l'Empire romain.

L'invention de l'artillerie et des fortifications a forcé de nos jours les souverains de l'Europe à rétablir l'usage des troupes réglées pour garder leurs places ; mais avec des motifs plus légitimes, il est à craindre que l'effet n'en soit également funeste. Il n'en faudra pas moins dépeupler les campagnes pour former les armées et les garnisons ; pour les entretenir il n'en faudra pas moins fouler les peuples; et ces dangereux établissements s'accroissent depuis quelque temps avec une telle rapidité dans tous nos climats, qu'on n'en peut prévoir que la dépopulation prochaine de l'Europe, et tôt ou tard la ruine des peuples qui l'habitent.

Quoi qu'il en soit, on doit voir que de telles institutions renversent nécessairement le vrai système économique qui tire le principal revenu de l'État du domaine public, et ne laissent que la ressource fâcheuse des subsides et impôts, dont il me reste à parler.

Il faut se ressouvenir ici que le fondement du pacte social est la propriété, et sa première condition, que chacun soit maintenu dans la paisible jouissance de ce qui lui appartient. Il est vrai que par le même traité chacun s'oblige, au moins tacitement, à se cotiser dans les besoins publics; mais cet engagement ne pouvant nuire à la foi fondamentale, et supposant l'évidence du besoin reconnue par les contribuables, on voit que pour être légitime, cette cotisation doit être volontaire, non d'une volonté particulière, comme s'il était nécessaire d'avoir le consentement de chaque citoyen, et qu'il ne dût fournir que ce qu'il lui plaît, ce qui serait directement contre l'esprit de la confédération, mais d'une volonté générale, à la pluralité des voix, et sur un tarif proportionnel qui ne laisse rien d'arbitraire à l'imposition.

Cette vérité, que les impôts ne peuvent être établis légitimement que du consentement du peuple ou de ses représentants, a été reconnue généralement de tous les philosophes et jurisconsultes qui se sont acquis quelque réputation dans les matières de droit politique, sans excepter Bodin même. Si quelques-uns ont établi des maximes contraires en apparence; outre qu'il est aisé de voir les motifs particuliers qui les y ont portés, ils y mettent tant de conditions et de restrictions, qu'au fond la chose revient exactement au même : car que le peuple puisse refuser, ou que le souverain ne doive pas exiger, cela est indifférent quant au droit ; et s'il n'est question que de la force, c'est la chose la plus inutile que d'examiner ce qui est légitime ou non.

Les contributions qui se lèvent sur le peuple sont de deux sortes : les unes réelles, qui se perçoivent sur les choses ; les autres personnelles, qui se payent par tête. On donne aux unes et aux autres les noms d'*impôts* ou de *subsides* : quand le peuple fixe la somme qu'il accorde, elle s'appelle *subside* ; quand il accorde tout le produit d'une taxe, alors c'est un *impôt*. On trouve dans le livre de *L'Esprit des lois*, que l'imposition par tête est plus propre à la servitude, et la taxe réelle plus convenable à la liberté. Cela serait incontestable si les contingents par tête étaient égaux ; car il n'y aurait rien de plus disproportionné qu'une pareille taxe, et c'est surtout dans les proportions exactement observées que consiste l'esprit de la liberté. Mais si la taxe par tête est exactement proportionnée aux moyens des particuliers, comme pourrait être celle qui porte en France le nom de *capitation*, et qui de cette manière est à la fois réelle et personnelle, elle est la plus équitable, et par conséquent la plus convenable à des hommes libres. Ces proportions paraissent d'abord très faciles à observer, parce qu'étant relatives à l'état que chacun tient dans le monde, les indications sont toujours publiques ; mais outre que l'avarice, le crédit et la fraude savent éluder jusqu'à l'évidence, il est rare qu'on tienne compte dans ces calculs de tous les éléments qui doivent y entrer. Premièrement on doit considérer le rapport des quantités, selon lequel, toutes choses égales, celui qui a dix fois plus de bien qu'un autre doit payer dix fois plus que lui. Secondement, le rapport des usages, c'est-à-dire la distinction du nécessaire et du superflu. Celui qui n'a que le simple nécessaire, ne doit rien payer du tout ; la taxe de celui qui a du superflu, peut aller au besoin jusqu'à la concurrence de tout ce qui excède son nécessaire. À cela il dira qu'eu égard à son rang, ce qui serait superflu pour un homme inférieur est nécessaire pour lui ; mais c'est un mensonge : car un grand a deux jambes, ainsi qu'un bouvier, et n'a qu'un ventre non plus que lui. De plus, ce prétendu nécessaire est si peu nécessaire à son rang, que s'il savait y renoncer pour un sujet louable, il n'en serait que plus respecté. Le peuple se prosternerait devant un ministre qui irait au Conseil à pied, pour avoir vendu ses carrosses dans un pressant besoin de l'État. Enfin la loi ne prescrit la magnificence à personne, et la bienséance n'est jamais une raison contre le droit.

Un troisième rapport qu'on ne compte jamais, et qu'on devrait toujours compter le premier, est celui des utilités que chacun retire de la confédération sociale, qui protège fortement les immenses possessions du riche, et laisse à peine un misérable jouir de la chaumière qu'il a construite de ses mains. Tous les avantages de la société ne sont-ils pas pour les puissants et les riches ? tous les emplois lucratifs ne sont-ils pas remplis par eux seuls ? toutes les grâces, toutes les exemptions ne leur sont-elles pas réservées ? et l'autorité publique n'est-elle pas en leur faveur ? Qu'un homme de considération vole ses créanciers ou fasse d'autres friponneries, n'est-il pas toujours sûr de l'impunité ? Les coups de bâton qu'il distribue, les violences qu'il commet, les meurtres mêmes et les assassinats dont il se rend coupable, ne sont-ce pas des affaires qu'on assoupit, et dont au bout de six mois il n'est plus question ? Que ce même homme soit volé, toute la police est aussitôt en mouvement, et malheur aux innocents qu'il soupçonne. Passe-t-il dans un lieu dangereux ? voilà les escortes en campagne : l'essieu de sa chaise vient-il à rompre ? tout vole à son secours : fait-on du bruit à sa porte ? il dit un mot, et tout se tait : la foule l'incommode-t-elle ? il fait un signe, et tout se range : un charretier se trouve-t-il sur son passage ? ses gens sont prêts à l'assommer ; et cinquante honnêtes piétons allant à leurs affaires seraient plutôt écrasés, qu'un faquin oisif retardé dans son équipage. Tous ces égards ne lui coûtent pas un sou ; ils sont le droit de l'homme riche, et non le prix de la richesse. Que le tableau du pauvre est différent ! plus l'humanité lui doit, plus la société lui refuse : toutes les portes lui sont fermées, même quand il a le droit de les faire ouvrir ; et si quelquefois il obtient justice, c'est avec plus de peine qu'un autre n'obtiendrait grâce : s'il y a des corvées à faire, une milice à tirer, c'est à lui qu'on donne la préférence ; il porte toujours, outre sa charge, celle dont son voisin plus riche a le crédit de se faire exempter : au moindre accident qui lui arrive, chacun s'éloigne de lui : si sa pauvre charrette renverse, loin d'être aidé par personne, je le tiens heureux s'il évite en passant les avanies des gens lestes d'un jeune duc : en un mot, toute assistance gratuite le fuit au besoin, précisément parce qu'il n'a pas de quoi la payer ; mais je le tiens pour un homme perdu s'il a le malheur d'avoir l'âme honnête, une fille aimable, et un puissant voisin.

Une autre attention non moins importante à faire, c'est que les pertes des pauvres sont beaucoup moins réparables que celles du riche, et que la difficulté d'acquérir croît toujours en raison du besoin. On ne fait rien avec rien ; cela est vrai dans les affaires comme en Physique : l'argent est la semence de l'argent, et la première pistole est quelquefois plus difficile à gagner que le second million. Il y a plus encore : c'est que tout ce que le pauvre paye, est à jamais perdu pour lui, et reste ou revient dans les mains du riche ; et comme c'est aux seuls hommes qui ont part au gouvernement, ou à ceux qui en approchent, que passe tôt ou tard le produit des impôts, ils ont, même en payant leur contingent, un intérêt sensible à les augmenter.

Résumons en quatre mots le pacte social des deux états. *Vous avez besoin de moi, car je suis riche et vous êtes pauvre ; faisons un accord entre nous : je permettrai que vous ayez l'honneur de me servir, à condition que vous me donnerez le peu qui vous reste pour la peine que je prendrai de vous commander*[16].

Si l'on combine avec soin toutes ces choses, on trouvera que, pour répartir les taxes d'une manière équitable et vraiment proportionnelle, l'imposition n'en doit pas être faite seulement en raison des biens des contribuables, mais en raison composée de la différence de leurs conditions et du superflu de leurs biens. Opération très importante et très difficile que font tous les jours des multitudes de commis honnêtes gens et qui savent l'arithmétique, mais dont les Platon et les Montesquieu n'eussent osé se charger qu'en tremblant et en demandant au Ciel des lumières et de l'intégrité.

Un autre inconvénient de la taxe personnelle, c'est de se faire trop sentir et d'être levée avec trop de dureté, ce qui n'empêche pas qu'elle ne soit sujette à beaucoup de non-valeurs, parce qu'il est plus aisé de dérober au rôle et aux poursuites sa tête que ses possessions.

De toutes les autres impositions, le cens sur les terres ou la taille réelle a toujours passé pour la plus avantageuse dans les pays où l'on a plus d'égard à la quantité du produit et à la sûreté du recouvrement, qu'à la moindre incommodité du peuple. On a même osé dire qu'il fallait charger le paysan pour éveiller sa paresse, et qu'il ne ferait rien s'il n'avait rien à payer. Mais l'expérience dément chez tous les peuples du monde cette maxime ridicule : c'est en Hollande, en Angleterre, où le cultivateur paye très peu de chose, et surtout à la Chine où il ne paye rien, que la terre est le mieux cultivée. Au contraire, partout où le laboureur se voit chargé à proportion du produit de son champ, il le laisse en friche, ou n'en retire exactement que ce qu'il lui faut pour vivre. Car pour qui perd le fruit de sa peine, c'est gagner que ne rien faire ; et mettre le travail à l'amende, est un moyen fort singulier de bannir la paresse.

De la taxe sur les terres ou sur le blé, surtout quand elle est excessive, résultent deux inconvénients si terribles, qu'ils doivent dépeupler et ruiner à la longue tous les pays où elle est établie.

Le premier vient du défaut de circulation des espèces, car le commerce et l'industrie attirent dans les capitales tout l'argent de la campagne : et l'impôt détruisant la proportion qui pouvait se trouver encore entre les besoins du laboureur et le prix de son blé, l'argent vient sans cesse et ne retourne jamais ; plus la ville est riche, plus le pays est misérable. Le produit des tailles passe des mains du prince ou du financier dans celles des artistes et des marchands ; et le cultivateur qui n'en reçoit jamais que la moindre partie, s'épuise enfin en payant toujours également et recevant toujours moins. Comment voudrait-on que pût vivre un homme qui n'aurait que des veines et point d'artères, ou dont les artères ne porteraient le sang qu'à quatre doigts du cœur ? Chardin dit qu'en Perse les droits du roi sur les denrées se payent aussi en denrées ; cet usage, qu'Hérodote témoigne avoir autrefois été pratiqué dans le même pays jusqu'à Darius, peut prévenir le mal dont je viens de parler. Mais à moins qu'en Perse les intendants, directeurs, commis et garde-magasins ne soient une autre espèce de gens que partout ailleurs, j'ai peine à croire qu'il arrive jusqu'au roi la moindre chose de tous ces produits, que les blés ne se gâtent pas dans tous les greniers, et que le feu ne consume pas la plupart des magasins.

Le second inconvénient vient d'un avantage apparent, qui laisse aggraver les maux avant qu'on les aperçoive. C'est que le blé est une denrée que les impôts ne renchérissent point dans le pays qui la produit, et dont malgré son absolue nécessité, la quantité diminue, sans que le prix en augmente ; ce qui fait que beaucoup de gens meurent de faim, quoique le blé continue d'être à bon marché, et que le laboureur reste seul chargé de l'impôt qu'il n'a pu défalquer sur le prix de la vente. Il faut bien faire attention qu'on ne doit pas raisonner de la taille réelle comme des droits sur toutes les marchandises qui en font hausser le prix, et sont ainsi payés moins par les marchands, que par les acheteurs. Car ces droits, quelque forts qu'ils puissent être sont pourtant volontaires, et ne sont payés par le marchand qu'à proportion des marchandises qu'il achète ; et comme il n'achète qu'à proportion de son débit, il fait la loi au particulier. Mais le laboureur qui, soit qu'il vende ou non, est contraint de payer à des termes fixes pour le terrain qu'il cultive, n'est pas le maître d'attendre qu'on mette à sa denrée le prix qu'il lui plaît ; et quand il ne la vendrait pas pour s'entretenir, il serait forcé de la vendre pour payer la taille, de sorte que c'est quelquefois l'énormité de l'imposition qui maintient la denrée à vil prix.

Remarquez encore que les ressources du commerce et de l'industrie, loin de rendre la taille plus supportable par l'abondance de l'argent, ne la rendent que plus onéreuse. Je n'insisterai point sur une chose très évidente, savoir que si la plus grande ou moindre quantité d'argent dans un État, peut lui donner plus ou moins de crédit au-dehors, elle ne change en aucune manière la fortune réelle des citoyens, et ne les met ni plus ni moins à leur aise. Mais je ferai ces deux remarques importantes : l'une, qu'à moins que l'État n'ait des denrées superflues et que l'abondance de l'argent ne vienne de leur débit chez l'étranger, les villes où se fait le commerce se sentent seules de cette abondance, et que le paysan ne fait qu'en devenir relativement plus pauvre : l'autre, que le prix de toutes choses haussant avec la multiplication de l'argent, il faut aussi que les impôts haussent à proportion, de sorte que le laboureur se trouve plus chargé sans avoir plus de ressources.

On doit voir que la taille sur les terres est un véritable impôt sur leur produit. Cependant chacun convient que rien n'est si dangereux qu'un impôt sur le blé payé par l'acheteur : comment ne voit-on pas que le mal est cent fois pire quand cet impôt est payé par le cultivateur même ? N'est-ce pas attaquer la subsistance de l'État jusque dans sa source ? N'est-ce pas travailler aussi directement qu'il est possible à dépeupler le pays, et par conséquent à le ruiner à la longue ? car il n'y a point pour une nation de pire disette que celle des hommes.

Il n'appartient qu'au véritable homme d'État d'élever ses vues dans l'assiette des impôts plus haut que l'objet des finances, de transformer des charges onéreuses en d'utiles règlements de police, et de faire douter au peuple si de tels établissements n'ont pas eu pour fin le bien de la nation plutôt que le produit des taxes.

Les droits sur l'importation des marchandises étrangères, dont les habitants sont avides sans que le pays en ait besoin, sur l'exportation de celles du cru du pays dont il n'a pas de trop, et dont les étrangers ne peuvent se passer, sur les productions des arts inutiles et trop lucratifs, sur les entrées dans les villes des choses de pur agrément, et en général sur tous les objets du luxe, rempliront tout ce double objet. C'est par de tels impôts, qui soulagent le pauvre et chargent la richesse, qu'il faut prévenir l'augmentation continuelle de l'inégalité des fortunes, l'asservissement aux riches d'une multitude d'ouvriers et de serviteurs inutiles, la multiplication des gens oisifs dans les villes, et la désertion des campagnes.

Il est important de mettre entre le prix des choses et les droits dont on les charge, une telle proportion que l'avidité des particuliers ne soit point trop portée à la fraude par la grandeur des profits. Il faut encore prévenir la facilité de la contrebande, en préférant les marchandises les moins faciles à cacher. Enfin il convient que l'impôt soit payé par celui qui emploie la chose taxée, plutôt que par celui qui la vend, auquel la quantité des droits dont il se trouverait chargé donnerait plus de tentations et de moyens de les frauder. C'est l'usage constant de la Chine, le pays du monde où les impôts sont les plus forts et les mieux payés : le marchand ne paye rien ; l'acheteur seul acquitte le droit, sans qu'il en résulte ni murmures ni séditions ; parce que les denrées nécessaires à la vie, telles que le riz et le blé, étant absolument franches, le peuple n'est point foulé, et l'impôt ne tombe que sur les gens aisés. Au reste toutes ces précautions ne doivent pas tant être dictées par la crainte de la contrebande, que par l'attention que doit avoir le gouvernement à garantir les particuliers de la séduction des profits illégitimes, qui, après en avoir fait de mauvais citoyens, ne tarderait pas d'en faire des malhonnêtes gens.

Qu'on établisse de fortes taxes sur la livrée, sur les équipages, sur les glaces, lustres et ameublements, sur les étoffes et la dorure, sur les cours et jardins des hôtels, sur les spectacles de toute espèce, sur les professions oiseuses : comme baladins, chanteurs, histrions, et en un mot, sur cette foule d'objets de luxe, d'amusement et d'oisiveté, qui frappent tous les yeux, et qui peuvent d'autant moins se cacher, que leur seul usage est de se montrer, et qu'ils seraient inutiles s'ils n'étaient vus. Qu'on ne craigne pas que de tels produits fussent arbitraires, pour n'être fondés que sur des choses qui ne sont pas d'une absolue nécessité : c'est bien mal connaître les hommes que de croire qu'après s'être une fois laissé séduire par le luxe, ils y puissent jamais renoncer ; ils renonceraient cent fois plutôt au nécessaire et aimeraient encore mieux mourir de faim que de honte. L'augmentation de la dépense ne sera qu'une nouvelle raison pour la soutenir, quand la vanité de se montrer opulent fera son profit du prix de la chose et des frais de la taxe. Tant qu'il y aura des riches, ils voudront se distinguer des pauvres, et l'État ne saurait se former un revenu moins onéreux ni plus assuré que sur cette distinction.

Par la même raison l'industrie n'aurait rien à souffrir d'un ordre économique qui enrichirait les finances, ranimerait l'agriculture, en soulageant le laboureur, et rapprocherait insensiblement toutes les fortunes de cette médiocrité qui fait la véritable force d'un État. Il se pourrait, je l'avoue, que les impôts contribuassent à faire passer plus rapidement quelques modes ; mais ce ne serait jamais que pour en substituer d'autres sur lesquelles l'ouvrier gagnerait, sans que le fisc eût rien à perdre. En un mot, supposons que l'esprit du gouvernement soit constamment d'asseoir toutes les taxes sur le superflu des richesses, il arrivera de deux choses l'une : ou les riches renonceront à leurs dépenses superflues pour n'en faire que d'utiles, qui retourneront au profit de l'État ; alors l'assiette des impôts aura produit l'effet des meilleures lois somptuaires ; les dépenses de l'État auront nécessairement diminué avec celles des particuliers ; et le fisc ne saurait moins recevoir de cette manière, qu'il n'ait beaucoup moins encore à débourser : ou si les riches ne diminuent rien de leurs profusions, le fisc aura dans le produit des impôts les ressources qu'il cherchait pour pourvoir aux besoins réels de l'État. Dans le premier cas, le fisc s'enrichit de toute la dépense qu'il a de moins à faire ; dans le second, il s'enrichit encore de la dépense inutile des particuliers.

Ajoutons à tout ceci une importante distinction en matière de droit politique, et à laquelle les gouvernements, jaloux de faire tout par eux-mêmes, devraient donner une grande attention. J'ai dit que les taxes personnelles et les impôts sur les choses d'absolue nécessité, attaquant directement le droit de propriété, et par conséquent le vrai fondement de la société politique, sont toujours sujets à des conséquences dangereuses, s'ils ne sont établis avec l'exprès consentement du peuple ou de ses représentants. Il n'en est pas de même des droits sur les choses dont on peut s'interdire l'usage ; car alors le particulier n'étant point absolument contraint à payer, sa contribution peut passer pour volontaire ; de sorte que le consentement particulier de chacun des contribuants supplée au consentement général, et le suppose même en quelque manière : car pourquoi le peuple s'opposerait-il à toute imposition qui ne tombe que sur quiconque veut bien la payer ? Il me paraît certain que tout ce qui n'est ni proscrit par les lois, ni contraire aux mœurs, et que le gouvernement peut défendre, il peut le permettre moyennant un droit. Si, par exemple, le gouvernement peut interdire l'usage des carrosses, il peut à plus forte raison imposer une taxe sur les carrosses, moyen sage et utile d'en blâmer l'usage sans le faire cesser. Alors on peut regarder la taxe comme une espèce d'amende dont le produit dédommage de l'abus qu'elle punit.

Quelqu'un m'objectera peut-être que ceux que Bodin appelle *imposteurs*, c'est-à-dire ceux qui imposent ou imaginent les taxes, étant dans la classe des riches, n'auront garde d'épargner les autres à leurs propres dépens, et de se charger eux-mêmes pour soulager les pauvres. Mais il faut rejeter de pareilles idées. Si dans chaque nation ceux à qui le souverain commet le gouvernement des peuples, en étaient les ennemis par état, ce ne serait pas la peine de rechercher ce qu'ils doivent faire pour les rendre heureux.

ÉCRITS SUR L'ABBÉ
DE SAINT-PIERRE

JUGEMENT SUR LE PROJET
DE PAIX PERPÉTUELLE

Le projet de la paix perpétuelle[1], étant par son objet le plus digne d'occuper un homme de bien, fut aussi de tous ceux de l'abbé de Saint-Pierre celui qu'il médita le plus longtemps et qu'il suivit avec le plus d'opiniâtreté ; car on a peine à nommer autrement ce zèle de missionnaire qui ne l'abandonna jamais sur ce point, malgré l'évidente impossibilité du succès, le ridicule qu'il se donnait de jour en jour, et les dégoûts qu'il eut sans cesse à essuyer. Il semble que cette âme saine, uniquement attentive au bien public, mesurait les soins qu'elle donnait aux choses uniquement sur le degré de leur utilité, sans jamais se laisser rebuter par les obstacles ni songer à l'intérêt personnel.

Si jamais vérité morale fut démontrée, il me semble que c'est l'utilité générale et particulière de ce projet. Les avantages qui résulteraient de son exécution, et pour chaque prince, et pour chaque peuple, et pour toute l'Europe, sont immenses, clairs, incontestables ; on ne peut rien de plus solide et de plus exact que les raisonnements par lesquels l'auteur les établit. Réalisez sa république européenne durant un seul jour, c'en est assez pour la faire durer éternellement : tant chacun trouverait par l'expérience son profit particulier dans le bien commun. Cependant ces mêmes princes, qui la défendraient de toutes leurs forces si elle existait, s'opposeraient maintenant de même à son exécution, et l'empêcheront infailliblement de s'établir comme ils l'empêcheraient de s'éteindre. Ainsi, l'ouvrage de l'abbé de Saint-Pierre sur la paix perpétuelle paraît d'abord inutile pour la produire et superflu pour la conserver. C'est donc une vaine spéculation, dira quelque lecteur impatient. Non, c'est un livre solide et sensé, et il est très important qu'il existe.

Commençons par examiner les difficultés de ceux qui ne jugent pas des raisons par la raison, mais seulement par l'événement, et qui n'ont rien à objecter contre ce projet, sinon qu'il n'a pas été exécuté[2]. En effet, diront-ils sans doute, si ses avantages sont si réels, pourquoi donc les souverains de l'Europe ne l'ont-ils pas adopté? Pourquoi négligent-ils leur propre intérêt, si cet intérêt leur est si bien démontré? Voit-on qu'ils rejettent d'ailleurs les moyens d'augmenter leurs revenus et leur puissance? Si celui-ci était aussi bon pour cela qu'on le prétend, est-il croyable qu'ils en fussent moins empressés que de tous ceux qui les égarent depuis si longtemps, et qu'ils préférassent mille ressources trompeuses à un profit évident?

Sans doute, cela est croyable; à moins qu'on ne suppose que leur sagesse est égale à leur ambition, et qu'ils voient d'autant mieux leurs avantages qu'ils les désirent plus fortement; au lieu que c'est la grande punition des excès de l'amour-propre de recourir toujours à des moyens qui l'abusent, et que l'ardeur même des passions est presque toujours ce qui les détourne de leur but. Distinguons donc, en politique ainsi qu'en morale, l'intérêt réel de l'intérêt apparent[3]. Le premier se trouverait dans la paix perpétuelle; cela est démontré dans le *Projet*. Le second se trouve dans l'état d'indépendance absolue qui soustrait les souverains à l'empire de la loi pour les soumettre à celui de la fortune ; semblables à un pilote insensé, qui, pour faire montre d'un vain savoir et commander à ses matelots, aimerait mieux flotter entre des rochers durant la tempête que d'assujettir son vaisseau par des ancres.

Toute l'occupation des rois, ou de ceux qu'ils chargent de leurs fonctions, se rapporte à deux seuls objets : étendre leur domination au-dehors, et la rendre plus absolue au-dedans. Toute autre vue, ou se rapporte à l'une de ces deux, ou ne leur sert que de prétexte. Telles sont celles du *bien public*, du *bonheur des sujets*, de la *gloire de la nation* : mots à jamais proscrits du cabinet, et si lourdement employés dans les édits publics, qu'ils n'annoncent jamais que des ordres funestes, et que le peuple gémit d'avance quand ses maîtres lui parlent de leurs soins paternels[4].

Qu'on juge, sur ces deux maximes fondamentales, comment les princes peuvent recevoir une proposition qui choque directement l'une, et qui n'est guère plus favorable à l'autre. Car on sent bien que par la Diète européenne le gouvernement de chaque État n'est pas moins fixé que ses limites ; qu'on ne peut garantir les princes de la révolte des sujets sans garantir en même temps les sujets de la tyrannie des princes ; et qu'autrement l'institution ne saurait subsister. Or, je demande s'il y a dans le monde un seul souverain qui, borné ainsi pour jamais dans ses projets les plus chéris, supportât sans indignation la seule idée de se voir forcé d'être juste, non seulement avec les étrangers, mais même avec ses propres sujets.

Il est facile encore de comprendre que d'un côté la guerre et les conquêtes, et de l'autre le progrès du despotisme, s'entr'aident mutuellement ; qu'on prend à discrétion, dans un peuple d'esclaves, de l'argent et des hommes pour en subjuguer d'autres ; que réciproquement la guerre fournit un prétexte aux exactions pécuniaires, et un autre non moins spécieux d'avoir toujours de grandes armées pour tenir le peuple en respect. Enfin, chacun voit assez que les princes conquérants font pour le moins autant la guerre à leurs sujets qu'à leurs ennemis, et que la condition des vainqueurs n'est pas meilleure que celle des vaincus. *J'ai battu les Romains*, écrivait Annibal aux Carthaginois ; *envoyez-moi des troupes : j'ai mis l'Italie à contribution; envoyez-moi de l'argent.* Voilà ce que signifient les *Te Deum*, les feux de joie, et l'allégresse du peuple aux triomphes de ses maîtres.

Quant aux différends entre prince et prince, peut-on espérer de soumettre à un tribunal supérieur des hommes qui s'osent vanter de ne tenir leur pouvoir que de leur épée, et qui ne font mention de Dieu même que parce qu'il est au ciel ? Les souverains se soumettront-ils dans leurs querelles à des voies juridiques, que toute la rigueur des lois n'a jamais pu forcer les particuliers d'admettre dans les leurs ? Un simple gentilhomme offensé dédaigne de porter ses plaintes au tribunal des Maréchaux de France ; et vous voulez qu'un roi porte les siennes à la Diète européenne ? Encore y a-t-il cette différence, que l'un pèche contre les lois et expose doublement sa vie, au lieu que l'autre n'expose guère que ses sujets ; qu'il use, en prenant les armes, d'un droit avoué de tout le genre humain, et dont il prétend n'être comptable qu'à Dieu seul.

Un prince qui met sa cause au hasard de la guerre n'ignore pas qu'il court des risques ; mais il en est moins frappé que des avantages qu'il se promet, parce qu'il craint bien moins la fortune qu'il n'espère de sa propre sagesse. S'il est puissant, il compte sur ses forces ; s'il est faible, il compte sur ses alliances ; quelquefois il lui est utile au-dedans de purger de mauvaises humeurs, d'affaiblir des sujets indociles, d'essuyer même des revers; et le politique habile sait tirer avantage de ses propres défaites. J'espère qu'on se souviendra que ce n'est pas moi qui raisonne ainsi, mais le sophiste de cour, qui préfère un grand territoire et peu de sujets, pauvres et soumis, à l'empire inébranlable que donnent au prince la justice et les lois sur un peuple heureux et florissant.

C'est encore par le même principe qu'il réfute en lui-même l'argument tiré de la suspension du commerce, de la dépopulation, du dérangement des finances, et des pertes réelles que cause une vaine conquête. C'est un calcul très fautif que d'évaluer toujours en argent les gains ou les pertes des souverains; le degré de puissance qu'ils ont en vue ne se compte point par les millions qu'on possède. Le prince fait toujours circuler ses projets; il veut commander pour s'enrichir, et s'enrichir pour commander. Il sacrifiera tour à tour l'un et l'autre pour acquérir celui des deux qui lui manque: mais ce n'est qu'afin de parvenir à les posséder enfin tous les deux ensemble qu'il les poursuit séparément; car, pour être le maître des hommes et des choses, il faut qu'il ait à la fois l'empire et l'argent.

Ajoutons enfin, sur les grands avantages qui doivent résulter, pour le commerce, d'une paix générale et perpétuelle, qu'ils sont bien en eux-mêmes certains et incontestables, mais qu'étant communs à tous ils ne seront réels pour personne; attendu que de tels avantages ne se sentent que par leurs différences, et que, pour augmenter sa puissance relative, on ne doit chercher que des biens exclusifs.

Sans cesse abusés par l'apparence des choses, les princes rejetteraient donc cette paix, quand ils pèseraient leurs intérêts eux-mêmes; que sera-ce quand ils les feront peser par leurs ministres, dont les intérêts sont toujours opposés à ceux du peuple et presque toujours à ceux du prince ? Les ministres ont besoin de la guerre pour se rendre nécessaires, pour jeter le prince dans des embarras dont il ne se puisse tirer sans eux, et pour perdre l'État, s'il le faut, plutôt que leur place ; ils en ont besoin pour vexer le peuple sous prétexte des nécessités publiques ; ils en ont besoin pour placer leurs créatures, gagner sur les marchés, et faire en secret mille odieux monopoles ; ils en ont besoin pour satisfaire leurs passions, et s'expulser mutuellement ; ils en ont besoin pour s'emparer du prince, en le tirant de la cour quand il s'y forme contre eux des intrigues dangereuses. Ils perdraient toutes ces ressources par la paix perpétuelle. Et le public ne laisse pas de demander pourquoi, si ce projet est possible, ils ne l'ont pas adopté ! Il ne voit pas qu'il n'y a rien d'impossible dans ce projet, sinon qu'il soit adopté par eux. Que feront-ils donc pour s'y opposer ? Ce qu'ils ont toujours fait : ils le tourneront en ridicule.

Il ne faut pas non plus croire avec l'abbé de Saint-Pierre que, même avec la bonne volonté que les princes ni leurs ministres n'auront jamais, il fût aisé de trouver un moment favorable à l'exécution de ce système ; car il faudrait pour cela que la somme des intérêts particuliers ne l'emportât pas sur l'intérêt commun, et que chacun crût voir dans le bien de tous le plus grand bien qu'il peut espérer pour lui-même. Or, ceci demande un concours de sagesse dans tant de têtes, et un concours de rapports dans tant d'intérêts, qu'on ne doit guère espérer du hasard l'accord fortuit de toutes les circonstances nécessaires. Cependant, si cet accord n'a pas lieu, il n'y a que la force qui puisse y suppléer : et alors il n'est plus question de persuader, mais de contraindre ; et il ne faut pas écrire des livres, mais lever des troupes.

Jugement sur la paix perpétuelle

Ainsi, quoique le projet fût très sage, les moyens de l'exécuter se sentaient de la simplicité de l'auteur. Il s'imaginait bonnement qu'il ne fallait qu'assembler un Congrès, y proposer ses articles, qu'on les allait signer, et que tout serait fait. Convenons que, dans tous les projets de cet honnête homme, il voyait assez bien l'effet des choses quand elles seraient établies, mais il jugeait comme un enfant des moyens de les établir.

Je ne voudrais, pour prouver que le projet de la République chrétienne n'est pas chimérique, que nommer son premier auteur : car assurément Henri IV n'était pas fou, ni Sully visionnaire. L'abbé de Saint-Pierre s'autorisait de ces grands noms pour renouveler leur système. Mais quelle différence dans le temps, dans les circonstances, dans la proposition, dans la manière de la faire, et dans son auteur !

Pour en juger, jetons un coup d'œil sur la situation générale des choses au moment choisi par Henri IV pour l'exécution de son projet.

La grandeur de Charles Quint, qui régnait sur une partie du monde et faisait trembler l'autre, l'avait fait aspirer à la monarchie universelle avec de grands moyens de succès et de grands talents pour les employer. Son fils, plus riche et moins puissant, suivant sans relâche un projet qu'il n'était pas capable d'exécuter, ne laissa pas de donner à l'Europe des inquiétudes continuelles ; et la maison d'Autriche avait pris un tel ascendant sur les autres puissances, que nul prince ne régnait en sûreté s'il n'était bien avec elle. Philippe III, moins habile que son père, hérita de toutes ses prétentions. L'effroi de la puissance espagnole tenait encore l'Europe en respect, et l'Espagne continuait à dominer plutôt par l'habitude de commander que par le pouvoir de se faire obéir. En effet, la révolte des Pays-Bas, les armements contre l'Angleterre, les guerres civiles de France, avaient épuisé les forces d'Espagne et les trésors des Indes ; la maison d'Autriche, partagée en deux branches, n'agissait plus avec le même concert ; et, quoique l'empereur s'efforçât de maintenir ou recouvrer en Allemagne l'autorité de Charles Quint, il ne faisait qu'aliéner les princes et fomenter des ligues qui ne tardèrent pas d'éclore et faillirent à le détrôner. Ainsi se préparait de loin la décadence de la maison d'Autriche et le rétablissement de la liberté commune. Cependant nul n'osait le premier hasarder de secouer le joug, et s'exposer seul à la guerre ; l'exemple de Henri IV même, qui s'en était tiré si mal, ôtait le courage à tous les autres. D'ailleurs, si l'on excepte le duc de Savoie, trop faible et trop subjugué pour rien entreprendre, il n'y avait pas parmi tant de souverains un seul homme de tête en état de former et soutenir une entreprise ; chacun attendait du temps et des circonstances le moment de briser ses fers. Voilà quel était en gros l'état des choses, quand Henri forma le plan de la république chrétienne, et se prépara à l'exécuter. Projet bien grand, bien admirable en lui-même, et dont je ne veux pas ternir l'honneur ; mais qui, ayant pour raison secrète l'espoir d'abaisser un ennemi redoutable, recevait de ce pressant motif une activité qu'il eût difficilement tirée de la seule utilité commune.

Voyons maintenant quels moyens ce grand homme avait employés à préparer une si haute entreprise. Je compterais volontiers pour le premier d'en avoir bien vu toutes les difficultés ; de telle sorte qu'ayant formé ce projet dès son enfance, il le médita toute sa vie, et réserva l'exécution pour sa vieillesse : conduite qui prouve premièrement ce désir ardent et soutenu qui seul, dans les choses difficiles, peut vaincre les grands obstacles ; et, de plus, cette sagesse patiente et réfléchie qui s'aplanit les routes de longue main à force de prévoyance et de préparation. Car il y a bien de la différence entre les entreprises nécessaires, dans lesquelles la prudence même veut qu'on donne quelque chose au hasard, et celles que le succès seul peut justifier, parce qu'ayant pu se passer de les faire on n'a dû les tenter qu'à coup sûr. Le profond secret qu'il garda toute sa vie, jusqu'au moment de l'exécution, était encore aussi essentiel que difficile dans une si grande affaire, où le concours de tant de gens était nécessaire, et que tant de gens avaient intérêt de traverser. Il paraît que, quoiqu'il eût mis la plus grande partie de l'Europe dans son parti, et qu'il fût ligué avec les plus puissants potentats, il n'eut jamais qu'un seul confident qui connut toute l'étendue de son plan; et, par un bonheur que le Ciel n'accorda qu'au meilleur des rois, ce confident fut un ministre intègre. Mais sans que rien transpirât de ces grands desseins, tout marchait en silence vers leur exécution. Deux fois Sully était allé à Londres : la partie était liée avec le roi Jacques, et le roi de Suède était engagé de son côté; la ligue était conclue avec les protestants d'Allemagne : on était même sûr des princes d'Italie; et tous concouraient au grand but sans pouvoir dire quel il était, comme les ouvriers qui travaillent séparément aux pièces d'une nouvelle machine dont ils ignorent la forme et l'usage. Qu'est-ce donc qui favorisait ce mouvement général ? Était-ce la paix perpétuelle, que nul ne prévoyait et dont peu se seraient souciés ? Était-ce l'intérêt public, qui n'est jamais celui de personne ? L'abbé de Saint-Pierre eût pu l'espérer. Mais réellement chacun ne travaillait que dans la vue de son intérêt particulier, que Henri avait eu le secret de leur montrer à tous sous une face très attrayante. Le roi d'Angleterre avait à se délivrer des continuelles conspirations des catholiques de son royaume, toutes fomentées par l'Espagne. Il trouvait de plus un grand avantage à l'affranchissement des Provinces-Unies, qui lui coûtaient beaucoup à soutenir, et le mettaient chaque jour à la veille d'une guerre qu'il redoutait, ou à laquelle il aimait mieux contribuer une fois avec tous les autres, afin de s'en délivrer pour toujours. Le roi de Suède voulait s'assurer de la Poméranie, et mettre un pied dans l'Allemagne. L'Électeur palatin, alors protestant et chef de la Confession d'Augsbourg, avait des vues sur la Bohême, et entrait dans toutes celles du roi d'Angleterre. Les princes d'Allemagne avaient à réprimer les usurpations de la maison d'Autriche. Le duc de Savoie obtenait Milan et la couronne de Lombardie, qu'il désirait avec ardeur. Le pape même, fatigué de la tyrannie espagnole, était de la partie, au moyen du royaume de Naples qu'on lui avait promis. Les Hollandais, mieux payés que tous les autres, gagnaient l'assurance de leur liberté. Enfin, outre l'intérêt commun d'abaisser une puissance orgueilleuse qui voulait dominer partout, chacun en avait un particulier, très vif, très sensible, et qui n'était point balancé par la crainte de substituer un tyran à l'autre, puisqu'il était convenu que les conquêtes seraient partagées entre tous les alliés, excepté la France et l'Angleterre, qui ne pouvaient rien garder pour elles. C'en était assez pour calmer les plus inquiets sur l'ambition de Henri IV. Mais ce sage prince n'ignorait pas qu'en ne se réservant rien par ce traité, il y gagnait pourtant plus qu'aucun autre. Car, sans rien ajouter à son patrimoine, il lui suffisait de diviser celui du seul plus puissant que lui, pour devenir le plus puissant lui-même ; et l'on voit très clairement qu'en prenant toutes les précautions qui pouvaient assurer le succès de l'entreprise, il ne négligeait pas celles qui devaient lui donner la primauté dans le corps qu'il voulait instituer.

De plus : ses apprêts ne se bornaient point à former au-dehors des ligues redoutables, ni à contracter alliance avec ses voisins et ceux de son ennemi. En intéressant tant de peuples à l'abaissement du premier potentat de l'Europe, il n'oubliait pas de se mettre en état par lui-même de le devenir à son tour. Il employa quinze ans de paix à faire des préparatifs dignes de l'entreprise qu'il méditait. Il remplit d'argent ses coffres, ses arsenaux d'artillerie, d'armes, de munitions; il ménagea de loin des ressources pour les besoins imprévus. Mais il fit plus que tout cela sans doute, en gouvernant sagement ses peuples, en déracinant insensiblement toutes les semences de divisions, et en mettant un si bon ordre à ses finances qu'elles pussent fournir à tout sans fouler ses sujets. De sorte que, tranquille au-dedans et redoutable au-dehors, il se vit en état d'armer et d'entretenir soixante mille hommes et vingt vaisseaux de guerre, de quitter son royaume sans y laisser la moindre source de désordre, et de faire la guerre durant six ans sans toucher à ses revenus ordinaires, ni mettre un sou de nouvelles impositions.

À tant de préparatifs ajoutez, pour la conduite de l'entreprise, le même zèle et la même prudence qui l'avaient formée, tant de la part de son ministre que de la sienne. Enfin, à la tête des expéditions militaires, un capitaine tel que lui, tandis que son adversaire n'en avait plus à lui opposer : et vous jugerez si rien de ce qui peut annoncer un heureux succès manquait à l'espoir du sien. Sans avoir pénétré ses vues, l'Europe attentive à ses immenses préparatifs en attendait l'effet avec une sorte de frayeur. Un léger prétexte allait commencer cette grande révolution; une guerre qui devait être la dernière, préparait une paix immortelle, quand un événement, dont l'horrible mystère doit augmenter l'effroi, vint bannir à jamais le dernier espoir du monde. Le même coup qui trancha les jours de ce bon roi replongea l'Europe dans d'éternelles guerres qu'elle ne doit plus espérer de voir finir. Quoi qu'il en soit, voilà les moyens que Henri IV avait rassemblés pour former le même établissement que l'abbé de Saint-Pierre prétendait faire avec un livre.

Qu'on ne dise donc point que, si son système n'a pas été adopté, c'est qu'il n'était pas bon ; qu'on dise au contraire qu'il était trop bon pour être adopté. Car le mal et les abus, dont tant de gens profitent, s'introduisent d'eux-mêmes ; mais ce qui est utile au public ne s'introduit guère que par la force, attendu que les intérêts particuliers y sont presque toujours opposés. Sans doute la paix perpétuelle est à présent un projet bien absurde ; mais qu'on nous rende un Henri IV et un Sully, la paix perpétuelle redeviendra un projet raisonnable. Ou plutôt, admirons un si beau plan, mais consolons-nous de ne pas le voir exécuter ; car cela ne peut se faire que par des moyens violents et redoutables à l'humanité.

On ne voit point de ligues fédératives s'établir autrement que par des révolutions : et, sur ce principe, qui de nous oserait dire si cette ligue européenne est à désirer, ou à craindre ? Elle ferait peut-être plus de mal tout d'un coup qu'elle n'en préviendrait pour des siècles[5].

L'ÉTAT DE GUERRE

Mais, quand il serait vrai que cette convoitise illimitée et indomptable serait développée dans tous les hommes au point que le suppose notre sophiste, encore ne produirait-elle pas cet état de guerre universelle[6] de chacun contre tous, dont Hobbes ose tracer l'odieux tableau. Ce désir effréné de s'approprier toutes choses est incompatible avec celui de détruire tous ses semblables ; et le vainqueur, qui ayant tout tué aurait le malheur de rester seul au monde, n'y jouirait de rien par cela même qu'il aurait tout. Les richesses elles-mêmes, à quoi sont-elles bonnes si ce n'est à être communiquées ? que lui servirait la possession de tout l'univers, s'il en était l'unique habitant ? Quoi ! Son estomac dévorera-t-il tous les fruits de la terre ? Qui lui rassemblera les productions de tous les climats ? qui portera le témoignage de son empire dans les vastes solitudes qu'il n'habitera point ? Que fera-t-il de ses trésors ? qui consommera ses denrées ? à quels yeux étalera-t-il son pouvoir ? J'entends. Au lieu de tout massacrer, il mettra tout dans les fers pour avoir au moins des esclaves. Cela change à l'instant tout l'état de la question ; et puisqu'il n'est plus question de détruire, l'état de guerre est anéanti. Que le lecteur suspende ici son jugement. Je n'oublierai pas de traiter ce point.

L'homme est naturellement pacifique et craintif ; au moindre danger, son premier mouvement est de fuir ; il ne s'aguerrit qu'à force d'habitude et d'expérience. L'honneur, l'intérêt, les préjugés, la vengeance, toutes les passions qui peuvent lui faire braver les périls et la mort, sont loin de lui dans l'état de nature. Ce n'est qu'après avoir fait société avec quelque homme qu'il se détermine à en attaquer un autre ; et il ne devient soldat qu'après avoir été citoyen. On ne voit pas là de grandes dispositions à faire la guerre à tous ses semblables. Mais c'est trop m'arrêter sur un système aussi révoltant qu'absurde, qui a déjà cent fois été réfuté.

Il n'y a donc point de guerre générale d'homme à homme ; et l'espèce humaine n'a pas été formée uniquement pour s'entre-détruire. Reste à considérer la guerre accidentelle et particulière, qui peu naître entre deux ou plusieurs individus.

Si la loi naturelle n'était écrite que dans la raison humaine, elle serait peu capable de diriger la plupart de nos actions. Mais elle est encore gravée dans le cœur de l'homme en caractères ineffaçables ; et c'est là qu'elle lui parle plus fortement que tous les préceptes des philosophes ; c'est là qu'elle lui crie qu'il ne lui est permis de sacrifier la vie de son semblable qu'à la conservation de la sienne, et qu'elle lui fait horreur de verser le sang humain sans colère, même quand il s'y voit obligé[7].

Je conçois que, dans les querelles sans arbitres qui peuvent s'élever dans l'état de nature, un homme irrité pourra quelquefois en tuer un autre, soit à force ouverte, soit par surprise. Mais, s'il s'agit d'une guerre véritable, qu'on imagine dans quelle étrange position doit être ce même homme, pour ne pouvoir conserver sa vie qu'aux dépens de celle d'un autre, et que par un rapport établi entre eux il faille que l'un meure pour que l'autre vive. La guerre est un état permanent qui suppose des relations constantes ; et ces relations ont très rarement lieu d'homme à homme, où tout est entre les individus dans un flux continuel qui change incessamment les rapports et les intérêts. De sorte qu'un sujet de dispute s'élève et cesse presque au même instant ; qu'une querelle commence et finit en un jour ; et qu'il peut y avoir des combats et des meurtres, mais jamais ou très rarement de longues inimitiés et des guerres.

Dans l'état civil, où la vie de tous les citoyens est au pouvoir du souverain et où nul n'a droit de disposer de la sienne ou de celle d'autrui, l'état de guerre ne peut avoir lieu non plus entre les particuliers ; et quant aux duels, défis, cartels, appels en combat singulier, outre que c'était un abus illégitime et barbare d'une constitution toute militaire, il n'en résultait pas un véritable état de guerre, mais une affaire particulière qui se vidait en temps et lieu limités, tellement que pour un second combat il fallait un nouvel appel. On en doit excepter les guerres privées qu'on suspendait par des trêves journalières, appelées la paix de Dieu, et qui reçurent la sanction par les Établissements de Saint Louis. Mais cet exemple est unique dans l'histoire.

On peut demander encore si les rois, qui dans le fait sont indépendants de puissance humaine, pourraient établir entre eux des guerres personnelles et particulières, indépendantes de celles de l'État. C'est là certainement une question oiseuse ; car ce n'est pas, comme on sait, la coutume des princes d'épargner autrui pour s'exposer personnellement. De plus, cette question dépend d'une autre qu'il ne m'appartient pas de décider : savoir, si le prince est soumis lui-même aux lois de l'État, ou non ;

car, s'il y est soumis, sa personne est liée et sa vie appartient à l'État, comme celle du dernier citoyen. Mais si le prince est au-dessus des lois, il vit dans le pur état de nature, et ne doit compte ni à ses sujets ni à personne d'aucune de ses actions[8].

De l'état social

Nous entrons maintenant dans un nouvel ordre de choses. Nous allons voir les hommes, unis par une concorde artificielle, se rassembler pour s'entr'égorger, et toutes les horreurs de la guerre naître des soins qu'on avait pris pour la prévenir. Mais il importe premièrement de se former sur l'essence du corps politique des notions plus exactes que l'on n'a fait jusqu'ici. Que le lecteur songe seulement qu'il s'agit moins ici d'histoire et de faits que de droit et de justice, et que je veux examiner les choses par leur nature plutôt que par nos préjugés.

De la première société formée s'ensuit nécessairement la formation de toutes les autres. Il faut en faire partie, ou s'unir pour lui résister. Il faut l'imiter, ou se laisser engloutir par elle.

Ainsi, toute la face de la terre est changée ; partout la nature a disparu ; partout l'art humain a pris sa place, l'indépendance et la liberté naturelle ont fait place aux lois et à l'esclavage ; il n'existe plus d'être libre ; le philosophe cherche un homme et n'en trouve plus. Mais c'est en vain qu'on pense anéantir la nature ; elle renaît et se montre où l'on l'attendait le moins. L'indépendance, qu'on ôte aux hommes, se réfugie dans les sociétés ; et ces grands corps, livrés à leurs propres impulsions, produisent des chocs plus terribles à proportion que leurs masses l'emportent sur celles des individus.

Mais, dira-t-on, chacun de ces corps ayant une assiette aussi solide, comment est-il possible qu'ils viennent jamais à s'entre-heurter? Leur propre constitution ne devrait-elle pas les maintenir entre eux dans une paix éternelle? Sont-ils obligés, comme les hommes, d'aller chercher au-dehors de quoi pourvoir à leurs besoins? N'ont-ils pas en eux-mêmes tout ce qui est nécessaire à leur conservation? La concurrence et les échanges sont-ils une source de discorde inévitable? et dans tous les pays du monde les habitants n'ont-ils pas existé avant le commerce, preuve invincible qu'ils y pouvaient subsister sans lui?

Fin du chapitre : il n'y a point de guerre entre les hommes : il n'y en a qu'entre les États.

À cela je pourrais me contenter de répondre par les faits, et je n'aurais point de réplique à craindre. Mais je n'ai pas oublié que je raisonne ici sur la nature des choses et non sur les événements, qui peuvent avoir mille causes particulières, indépendantes du principe commun. Mais considérons attentivement la constitution des corps politiques; et, quoiqu'à la rigueur chacun suffise à sa propre conservation, nous trouverons que leurs mutuelles relations ne laissent pas d'être beaucoup plus intimes que celles des individus. Car l'homme, au fond, n'a nul rapport nécessaire avec ses semblables; il peut subsister sans leur concours dans toute la vigueur possible; il n'a pas tant besoin des soins de l'homme que des fruits de la terre; et la terre produit plus qu'il ne faut pour nourrir tous ses habitants. Ajoutez que l'homme a un terme de force et de grandeur fixé par la nature, et qu'il ne saurait passer. De quelque sens qu'il s'envisage, il trouve toutes ses facultés limitées. Sa vie est courte, ses ans sont comptés. Son estomac ne s'agrandit pas avec ses richesses ; ses passions ont beau s'accroître, ses plaisirs ont leur mesure ; son cœur est borné comme tout le reste : sa capacité de jouir est toujours la même. Il a beau s'élever en idée, il demeure toujours petit.

L'État, au contraire, étant un corps artificiel, n'a nulle mesure déterminée ; la grandeur qui lui est propre est indéfinie ; il peut toujours l'augmenter ; il se sent faible tant qu'il en est de plus forts que lui. Sa sûreté, sa conservation, demandent qu'il se rende plus puissant que tous ses voisins. Il ne peut augmenter, nourrir, exercer ses forces qu'à leurs dépens ; et, s'il n'a pas besoin de chercher sa subsistance hors de lui-même, il y cherche sans cesse de nouveaux membres qui lui donnent une consistance plus inébranlable. Car l'inégalité des hommes a des bornes posées par les mains de la nature ; mais celle des sociétés peut croître incessamment, jusqu'à ce qu'une seule absorbe toutes les autres.

Ainsi, la grandeur du corps politique étant purement relative, il est forcé de se comparer pour se connaître ; il dépend de tout ce qui l'environne, et doit prendre intérêt à tout ce qui s'y passe. Car il aurait beau vouloir se tenir au-dedans de lui, sans rien gagner ni perdre ; il devient petit ou grand, faible ou fort, selon que son voisin s'étend ou se resserre, se renforce ou s'affaiblit. Enfin sa solidité même, en rendant ses rapports plus constants, donne un effet plus sûr à toutes ses actions et rend toutes ses querelles plus dangereuses.

Il semble qu'on ait pris à tâche de renverser toutes les vraies idées des choses[9]. Tout porte l'homme naturel au repos ; manger et dormir sont les seuls besoins qu'il connaisse, et la faim seule l'arrache à la paresse. On en a fait un furieux, toujours prompt à tourmenter ses semblables par des passions qu'il ne connaît point. Au contraire, ces passions, exaltées au sein de la société par tout ce qui peut les enflammer, passent pour n'y pas exister. Mille écrivains ont osé dire que le corps politique est sans passions, et qu'il n'y a point d'autre raison d'État que la raison même. Comme si l'on ne voyait pas, au contraire, que l'essence de la société consiste dans l'activité de ses membres, et qu'un État sans mouvement ne serait qu'un corps mort. Comme si toutes les histoires du monde ne nous montraient pas les sociétés les mieux constituées être aussi les plus actives et, soit au-dedans soit au-dehors, l'action ou réaction continuelle de tous leurs membres porter témoignage de la vigueur du corps entier.

La différence de l'art humain à l'ouvrage de la nature se fait sentir dans ses effets. Les citoyens ont beau s'appeler membres de l'État, ils ne sauraient s'unir à lui comme de vrais membres le sont au corps ; il est impossible de faire que chacun d'eux n'ait pas une existence individuelle et séparée, par laquelle il peut seul suffire à sa propre conservation ; les nerfs sont moins sensibles, les muscles ont moins de vigueur, tous les liens sont plus lâches, le moindre accident peut tout désunir.

Que l'on considère combien, dans l'agrégation du corps politique, la force publique est inférieure à la somme des forces particulières, combien il y a, pour ainsi dire, de frottement dans le jeu de toute la machine ; et l'on trouvera que, toute proportion gardée, l'homme le plus débile a plus de force pour sa propre conservation que l'État le plus robuste n'en a pour la sienne.

Il faut donc, pour que l'État subsiste, que la vivacité de ses passions supplée à celle de ses mouvements, et que sa volonté s'anime autant que son pouvoir se relâche. C'est la loi conservatrice que la nature elle-même établit entre les espèces et qui les maintient toutes, malgré leur inégalité. C'est aussi, pour le dire en passant, la raison pourquoi les petits États ont à proportion plus de vigueur que les grands. Car la sensibilité publique n'augmente pas avec le territoire ; plus il s'étend, plus la volonté s'attiédit, plus les mouvements s'affaiblissent ; et ce grand corps, surchargé de son propre poids, s'affaisse, tombe en langueur et dépérit.

Ces exemples suffisent pour donner une idée des divers moyens dont on peut affaiblir un État, et de ceux dont la guerre semble autoriser l'usage pour nuire à son ennemi. À l'égard des traités dont quelques-uns de ces moyens sont les conditions, que sont au fond de pareilles paix sinon une guerre continuée avec d'autant plus de cruauté que l'ennemi n'a plus le droit de se défendre ? J'en parlerai dans un autre lieu.

Joignez à tout cela les témoignages sensibles de mauvaise volonté, qui annoncent l'intention de nuire : comme de refuser à une puissance les titres qui lui sont dus, de méconnaître ses droits, rejeter ses prétentions, d'ôter à ses sujets la liberté du commerce, de lui susciter des ennemis ; enfin, d'enfreindre à son égard le droit des gens, sous quelque prétexte que ce puisse être.

Ces diverses manières d'offenser un corps politique ne sont toutes ni également praticables, ni également utiles à celui qui les emploie ; et celles dont résulte à la fois notre propre avantage et le préjudice de l'ennemi sont naturellement préférées. La terre, l'argent, les hommes, toutes les dépouilles qu'on peut s'approprier, deviennent ainsi les principaux objets des hostilités réciproques. Cette basse avidité changeant insensiblement les idées des choses, la guerre enfin dégénère en brigandage, et d'ennemis et guerriers on devient peu à peu tyrans et voleurs.

De peur d'adopter sans y songer ces changements d'idées, fixons d'abord les nôtres par une définition, et tâchons de la rendre si simple qu'il soit impossible d'en abuser.

J'appelle donc guerre de puissance à puissance l'effet d'une disposition mutuelle, constante et manifestée de détruire l'État ennemi ou de l'affaiblir au moins par tous les moyens qu'on le peut. Cette disposition réduite en acte est la guerre proprement dite ; tant qu'elle reste sans effet, elle n'est que l'état de guerre.

Je prévois une objection : puisque selon moi l'état de guerre est naturel entre les puissances, pourquoi la disposition dont elle résulte a-t-elle besoin d'être manifestée ? À cela je réponds que j'ai parlé ci-devant de l'état naturel, que je parle ici de l'état légitime[10], et que je ferai voir ci-après comment, pour le rendre tel, la guerre a besoin d'une déclaration.

Distinctions fondamentales

Je prie les lecteurs de ne point oublier que je ne cherche pas ce qui rend la guerre avantageuse à celui qui la fait, mais ce qui la rend légitime. Il en coûte presque toujours pour être juste. Est-on pour cela dispensé de l'être ?

S'il n'y eut jamais, et qu'il ne puisse y avoir, de véritable guerre entre les particuliers, qui sont donc ceux entre lesquels elle a lieu et qui peuvent s'appeler réellement ennemis ? Je réponds que ce sont les personnes publiques. Et qu'est-ce qu'une personne publique ? Je réponds que c'est cet être moral qu'on appelle souverain, à qui le pacte social a donné l'existence, et dont toutes les volontés portent le nom de lois. Appliquons ici les distinctions précédentes ; on peut dire, dans les effets de la guerre, que c'est le souverain qui fait le dommage et l'État qui le reçoit.

Si la guerre n'a lieu qu'entre des êtres moraux[11], on n'en veut point aux hommes, et l'on peut la faire sans ôter la vie à personne. Mais ceci demande explication.

À n'envisager les choses que selon la rigueur du pacte social, la terre, l'argent, les hommes, et tout ce qui est compris dans l'enceinte de l'État, lui appartient sans réserve. Mais les droits de la société, fondés sur ceux de la nature, ne pouvant les anéantir, tous ces objets doivent être considérés sous un double rapport : savoir, le sol comme territoire public et comme patrimoine des particuliers ; les biens comme appartenant dans un sens au souverain et dans un autre aux propriétaires ; les habitants comme citoyens et comme hommes. Au fond, le corps politique, n'étant qu'une personne morale, n'est qu'un être de raison. Ôtez la convention publique, à l'instant l'État est détruit, sans la moindre altération dans tout ce qui le compose ; et jamais toutes les conventions des hommes ne sauraient changer rien dans le physique des choses. Qu'est-ce donc que faire la guerre à un souverain ? c'est attaquer la convention publique et tout ce qui en résulte ; car l'essence de l'État ne consiste qu'en cela. Si le pacte social pouvait être tranché d'un seul coup, à l'instant il n'y aurait plus de guerre ; et de ce seul coup l'État serait tué, sans qu'il mourût un seul homme. Aristote dit que pour autoriser les cruels traitements qu'on faisait souffrir à Sparte aux ilotes, les éphores, en entrant en charge, leur déclaraient solennellement la guerre. Cette déclaration était aussi superflue que barbare. L'état de guerre subsistait nécessairement entre eux par cela seul que les uns étaient les maîtres, et les autres les esclaves. Il n'est pas douteux que, puisque les Lacédémoniens tuaient les ilotes, les ilotes ne fussent en droit de tuer les Lacédémoniens.

J'ouvre les livres de droit et de morale ; j'écoute les savants et les jurisconsultes ; et pénétré de leurs discours insinuants, je déplore les misères de la nature, j'admire la paix et la justice établies par l'ordre civil, je bénis la sagesse des institutions publiques et me console d'être homme en me voyant citoyen. Bien instruit de mes devoirs et de mon bonheur, je ferme le livre, sors de la classe, et regarde autour de moi ; je vois des peuples infortunés gémissant sous un joug de fer, le genre humain écrasé par une poignée d'oppresseurs, une foule affamée, accablée de peine et de faim, dont le riche boit en paix le sang et les larmes, et partout le fort armé contre le faible du redoutable pouvoir des lois.

Tout cela se fait paisiblement et sans résistance. C'est la tranquillité des compagnons d'Ulysse enfermés dans la caverne du Cyclope, en attendant qu'ils soient dévorés. Il faut gémir et se taire. Tirons un voile éternel sur ces objets d'horreur. J'élève les yeux et regarde au loin. J'aperçois des feux et des flammes, des campagnes désertes, des villes au pillage. Hommes farouches, où traînez-vous ces infortunés ? J'entends un bruit affreux ; quel tumulte ! quels cris ! J'approche ; je vois un théâtre de meurtres, dix mille hommes égorgés, les morts entassés par monceaux, les mourants foulés aux pieds des chevaux, partout l'image de la mort et de l'agonie. C'est donc là le fruit de ces institutions pacifiques. La pitié, l'indignation s'élèvent au fond de mon cœur. Ah ! philosophe barbare, viens nous lire ton livre sur un champ de bataille !

Quelles entrailles d'hommes ne seraient émues à ces tristes objets ? mais il n'est plus permis d'être homme et de plaider la cause de l'humanité. La justice et la vérité doivent être pliées à l'intérêt des plus puissants : c'est la règle. Le peuple ne donne ni pensions, ni emplois, ni chaires, ni places d'académies ; en vertu de quoi le protégerait-on ? Princes magnanimes, je parle au nom du corps littéraire ; opprimez le peuple en sûreté de conscience ; c'est de vous seuls que nous attendons tout ; le peuple ne nous est bon à rien.

Comment une aussi faible voix se ferait-elle entendre à travers tant de clameurs vénales ? Hélas ! il faut me taire ; mais la voix de mon cœur ne saurait-elle percer à travers un si triste silence ? Non ; sans entrer dans d'odieux détails, qui passeraient pour satiriques par cela seul qu'ils seraient vrais, je me bornerai, comme j'ai toujours fait, à examiner les établissements humains par leurs principes[12] ; à corriger, s'il se peut, les fausses idées que nous en donnent des auteurs intéressés ; et à faire au moins que l'injustice et la violence ne prennent pas impudemment le nom de droit et d'équité.

La première chose que je remarque, en considérant la position du genre humain, c'est une contradiction manifeste dans sa constitution, qui la rend toujours vacillante. D'homme à homme, nous vivons dans l'état civil et soumis aux lois ; de peuple à peuple, chacun jouit de la liberté naturelle : ce qui rend au fond notre situation pire que si ces distinctions étaient inconnues. Car vivant à la fois dans l'ordre social et dans l'état de nature, nous sommes assujettis aux inconvénients de l'un et de l'autre, sans trouver la sûreté dans aucun des deux. La perfection de l'ordre social consiste, il est vrai, dans le concours de la force et de la loi. Mais il faut pour cela que la loi dirige la force ; au lieu que, dans les idées de l'indépendance absolue des princes, la seule force, parlant aux citoyens sous le nom de loi et aux étrangers sous le nom de raison d'État, ôte à ceux-ci le pouvoir, et aux autres la volonté, de résister ; en sorte que le vain nom de justice ne sert partout que de sauvegarde à la violence.

Quant à ce qu'on appelle communément le droit des gens il est certain que, faute de sanction, ses lois ne sont que des chimères plus faibles encore que la loi de nature. Celle-ci parle au moins au cœur des particuliers ; au lieu que, le droit des gens n'ayant d'autre garant que l'utilité de celui qui s'y soumet, ses décisions ne sont respectées qu'autant que l'intérêt les confirme. Dans la condition mixte où nous nous trouvons, auquel des deux systèmes qu'on donne la préférence, en faisant trop ou trop peu, nous n'avons rien fait, et nous sommes mis dans le pire état où nous puissions nous trouver. Voilà, ce me semble, la véritable origine des calamités publiques.

Mettons un moment ces idées en opposition avec l'horrible système de Hobbes; et nous trouverons, tout au rebours de son absurde doctrine, que, bien loin que l'état de guerre soit naturel à l'homme, la guerre est née de la paix, ou du moins des précautions que les hommes ont prises pour s'assurer une paix durable. Mais, avant que d'entrer dans cette discussion, tâchons [d'expliquer ce qu'il…].

Qui peut avoir imaginé sans frémir le système insensé de la guerre naturelle de chacun contre tous ? Quel étrange animal que celui qui croirait son bien attaché à la destruction de toute son espèce ! et comment concevoir que cette espèce, aussi monstrueuse et aussi détestable, pût durer seulement deux générations ? Voilà pourtant jusqu'où le désir ou plutôt la fureur d'établir le despotisme et l'obéissance passive ont conduit un des plus beaux génies[13] qui aient existé. Un principe aussi féroce était digne de son objet.

L'état de société qui contraint toutes nos inclinations naturelles ne les saurait pourtant anéantir; malgré nos préjugés et malgré nous-mêmes, elles parlent encore au fond de nos cœurs et nous ramènent souvent au vrai que nous quittons pour des chimères. Si cette inimitié mutuelle et destructive était attachée à notre constitution, elle se ferait donc sentir encore et nous repousserait, malgré nous, à travers toutes les chaînes sociales. L'affreuse haine de l'humanité serait souverain reconnu de l'homme. Il s'affligerait à la naissance de ses propres enfants; il se réjouirait à la mort de ses frères; et lorsqu'il trouverait quelqu'un endormi, son premier mouvement serait de le tuer.

La bienveillance qui nous fait prendre part au bonheur de nos semblables, la compassion qui nous identifie avec celui qui souffre et nous afflige de sa douleur, seraient des sentiments inconnus et directement contraires à la nature. Ce serait un monstre qu'un homme sensible et pitoyable ; et nous serions naturellement ce que nous avons bien de la peine à devenir au milieu de la dépravation qui nous poursuit.

Le sophiste dirait en vain que cette mutuelle inimitié n'est pas innée et immédiate, mais fondée sur la concurrence inévitable du droit de chacun pour toutes choses. Car le sentiment de ce prétendu droit n'est pas plus naturel à l'homme que la guerre qu'il en fait naître.

Je l'ai déjà dit et ne puis trop le répéter, l'erreur de Hobbes et des philosophes est de confondre l'homme naturel avec les hommes qu'ils ont sous les yeux, et de transporter dans un système un être qui ne peut subsister que dans un autre[14]. L'homme veut son bien-être et tout ce qui peut y contribuer : cela est incontestable. Mais naturellement ce bien-être de l'homme se borne au nécessaire physique ; car, quand il a l'âme saine et que son corps ne souffre pas, que lui manque-t-il pour être heureux selon sa constitution ? Celui qui n'a rien désire peu de chose ; celui qui ne commande à personne a peu d'ambition. Mais le superflu éveille la convoitise, plus on obtient, plus on désire. Celui qui a beaucoup veut tout avoir ; et la folie de la monarchie universelle n'a jamais tourmenté que le cœur d'un grand roi. Voilà la marche de la nature, voilà le développement des passions. Un philosophe superficiel observe des âmes cent fois repétries et fermentées dans le levain de la société et croit avoir observé l'homme. Mais, pour le bien connaître, il faut savoir démêler la gradation naturelle de ses sentiments ; et ce n'est point chez les habitants d'une grande ville qu'il faut chercher le premier trait de la nature dans l'empreinte du cœur humain.

Ainsi, cette méthode analytique n'offre-t-elle qu'abîmes et mystères, où le plus sage comprend le moins. Qu'on demande pourquoi les mœurs se corrompent à mesure que les esprits s'éclairent; n'en pouvant trouver la cause, ils auront le front de nier le fait. Qu'on demande pourquoi les sauvages transportés parmi nous ne partagent ni nos passions ni nos plaisirs, et ne se soucient point de tout ce que nous désirons avec tant d'ardeur. Ils ne l'expliqueront jamais, ou ne l'expliqueront que par mes principes. Ils ne connaissent que ce qu'ils voient, et n'ont jamais vu la nature. Ils savent fort bien ce que c'est qu'un bourgeois de Londres ou de Paris; mais ils ne sauront jamais ce que c'est qu'un homme.

FRAGMENTS SUR LA GUERRE

1

Pour connaître exactement quels sont les droits de la guerre examinons avec soin la nature de la chose et n'admettons pour vrai que ce qui s'en déduit nécessairement. Que deux hommes se battent dans l'état de nature voilà la guerre allumée entre eux. Mais pourquoi se battent-ils ? est-ce pour se manger l'un l'autre ? Cela n'arrive même parmi les animaux qu'entre différentes espèces. Entre les hommes de même qu'entre les loups le sujet de la querelle est toujours entièrement étranger à la vie des combattants. Il peut très bien arriver que l'un des deux périsse dans le combat, mais alors sa mort est le moyen et non l'objet de la victoire, car sitôt que le vaincu cède, le vainqueur s'empare de la chose contestée, le combat cesse et la guerre est finie.

Il faut remarquer que l'état social rassemblant autour de nous une multitude de choses qui tiennent plus à nos fantaisies qu'à nos besoins et qui nous étaient naturellement indifférentes, la plupart des sujets de guerre deviennent encore beaucoup plus étrangers à la vie des hommes que dans l'état de nature et que cela va souvent au point que les particuliers se soucient fort peu des événements de la guerre publique. On prend les armes pour disputer de puissance, de richesses, ou de considération et le sujet de la querelle se trouve enfin si éloigné de la personne des citoyens qu'ils n'en sont ni mieux ni plus mal d'être vainqueurs ou vaincus. Il serait bien étrange qu'une guerre ainsi constituée eût quelque rapport à leur vie et qu'on se crût en droit d'égorger des hommes seulement pour montrer qu'on est plus fort qu'eux.

On tue pour vaincre, mais il n'y a point d'homme si féroce qu'il cherche à vaincre pour tuer.

2

Maintenant que l'état de nature est aboli parmi nous, la guerre n'existe plus entre particuliers et les hommes qui de leur chef en attaquent d'autres même après avoir reçu d'eux quelque injure ne sont point regardés comme leurs ennemis mais comme de véritables brigands. Cela est si vrai qu'un sujet qui prenant à la lettre les termes d'une déclaration de guerre voudrait sans brevet ni lettres de marque courre sus aux ennemis de son prince en serait puni ou devrait l'être.

3

Il n'y a que des peuples tranquillement établis depuis très longtemps qui puissent imaginer de faire de la guerre un véritable métier à part et des gens qui l'exercent une classe particulière. Chez un nouveau peuple où l'intérêt commun est encore en toute sa vigueur, tous les citoyens sont soldats en temps de guerre et il n'y a plus de soldats en temps de paix. C'est un des meilleurs signes de la jeunesse et de la vigueur d'une nation. Il faut nécessairement que des hommes toujours armés soient par état les ennemis de tous les autres ou n'emploient jamais ces forces artificielles que comme une ressource contre l'affaiblissement intérieur et les premières troupes réglées sont en quelque sorte les premières rides qui annoncent la prochaine décrépitude du gouvernement.

4

Grâce à Dieu on ne voit plus rien de pareil parmi les Européens. On aurait horreur d'un prince qui ferait massacrer ses prisonniers. On s'indigne même contre ceux qui les traitent mal et ces maximes abominables qui révoltent la raison et font frémir l'humanité ne sont plus connues que des jurisconsultes qui en font tranquillement la base de leurs systèmes politiques et qui au lieu de nous montrer l'autorité souveraine comme la source du bonheur des hommes osent nous la montrer comme le supplice des vaincus.

Pour peu qu'on marche de conséquence en conséquence, l'erreur du principe se fait sentir à chaque pas ; et l'on voit partout que dans une aussi téméraire décision, l'on n'a pas plus consulté la raison que la nature. Si je voulais approfondir la notion de l'état de guerre, je démontrerais aisément qu'il ne peut résulter que du libre consentement des parties belligérantes, que si l'une veut attaquer et que l'autre ne veuille pas se défendre, il n'y a point d'état de guerre, mais seulement violence et agression, que l'état de guerre étant établi par le libre consentement des parties, ce libre et mutuel consentement est aussi nécessaire pour rétablir la paix et qu'à moins que l'un des adversaires ne soit anéanti la guerre ne peut finir entre eux qu'à l'instant que tous deux en liberté déclarent qu'ils y renoncent, de sorte qu'en vertu de la relation du maître à l'esclave ils continuent et même malgré eux d'être toujours dans l'état de guerre. Je pourrais mettre en question si les promesses arrachées par la force et pour éviter la mort sont obligatoires dans l'état de liberté, et si toutes celles que le prisonnier fait à son maître dans cet état peuvent signifier autre chose que celle-ci : *Je m'engage à vous obéir aussi longtemps qu'étant le plus fort vous n'attenterez pas à ma vie.*

Il y a plus. Qu'on me dise lesquels doivent l'emporter des engagements solennels et irrévocables pris avec la patrie en pleine liberté ou de ceux que l'effroi de la mort nous fera contracter avec l'ennemi vainqueur. Le prétendu droit d'esclavage auquel sont asservis les prisonniers de guerre est sans bornes. Les jurisconsultes le décident formellement. Il n'y a rien, dit Grotius, qu'on ne puisse impunément faire souffrir à de tels esclaves. Il n'est point d'action qu'on ne puisse leur commander, ou à laquelle on ne puisse les contraindre, de quelque manière que ce soit. Mais si leur faisant grâce de mille tourments on se contente d'exiger qu'ils portent les armes contre leur pays, je demande lequel ils doivent remplir : du serment qu'ils ont fait librement à leur patrie ou de celui que l'ennemi vient d'arracher à leur faiblesse. Désobéiront-ils à leurs maîtres ou massacreront-ils leurs concitoyens ?

Peut-être osera-t-on me dire que l'état d'esclavage assujettissant les prisonniers à leur maître, ils changent d'état à l'instant et que devenant sujets de leur nouveau souverain ils renoncent à leur ancienne patrie.

5

Quand mille peuples féroces auraient massacré leurs prisonniers, quand mille docteurs vendus à la tyrannie auraient excusé ces crimes, qu'importe à la vérité l'erreur des hommes et leur barbarie à la justice ? Ne cherchons point ce qu'on a fait mais ce qu'on doit faire et rejetons de viles et mercenaires autorités qui ne tendent qu'à rendre les hommes esclaves, méchants et malheureux.

DU CONTRAT SOCIAL
OU
PRINCIPES DU DROIT POLITIQUE

> *– fœderis æquas
> dicamus leges.*
>
> ÆNEID., X[1].

AVERTISSEMENT

Ce petit traité est extrait d'un ouvrage plus étendu, entrepris autrefois sans avoir consulté mes forces, et abandonné depuis longtemps. Des divers morceaux qu'on pouvait tirer de ce qui était fait, celui-ci est le plus considérable, et m'a paru le moins indigne d'être offert au public. Le reste n'est déjà plus.

J.-J. R.

LIVRE I

Je veux chercher si, dans l'ordre civil, il peut y avoir quelque règle d'administration légitime et sûre, en prenant les hommes tels qu'ils sont, et les lois telles qu'elles peuvent être. Je tâcherai d'allier toujours, dans cette recherche, ce que le droit permet avec ce que l'intérêt prescrit, afin que la justice et l'utilité ne se trouvent point divisées.

J'entre en matière sans prouver l'importance de mon sujet. On me demandera si je suis prince ou législateur pour écrire sur la politique. Je réponds que non, et que c'est pour cela que j'écris sur la politique. Si j'étais prince ou législateur, je ne perdrais pas mon temps à dire ce qu'il faut faire; je le ferais, ou je me tairais.

Né citoyen d'un État libre, et membre du souverain, quelque faible influence que puisse avoir ma voix dans les affaires publiques, le droit d'y voter suffit pour m'imposer le devoir de m'en instruire : heureux, toutes les fois que je médite sur les gouvernements, de trouver toujours dans mes recherches de nouvelles raisons d'aimer celui de mon pays!

Chapitre I
SUJET DE CE PREMIER LIVRE

L'homme est né libre, et partout il est dans les fers[2]. Tel se croit le maître des autres, qui ne laisse pas d'être plus esclave qu'eux. Comment ce changement s'est-il fait ? Je l'ignore. Qu'est-ce qui peut le rendre légitime ? Je crois pouvoir résoudre cette question.

Si je ne considérais que la force, et l'effet qui en dérive, je dirais : tant qu'un peuple est contraint d'obéir et qu'il obéit, il fait bien ; sitôt qu'il peut secouer le joug, et qu'il le secoue, il fait encore mieux ; car, recouvrant sa liberté par le même droit qui la lui a ravie, ou il est fondé à la reprendre, ou on ne l'était point à la lui ôter. Mais l'ordre social est un droit sacré qui sert de base à tous les autres. Cependant ce droit ne vient point de la nature ; il est donc fondé sur des conventions. Il s'agit de savoir quelles sont ces conventions. Avant d'en venir là, je dois établir ce que je viens d'avancer.

Chapitre II
DES PREMIÈRES SOCIÉTÉS

La plus ancienne de toutes les sociétés et la seule naturelle est celle de la famille. Encore les enfants ne restent-ils liés au père qu'aussi longtemps qu'ils ont besoin de lui pour se conserver. Sitôt que ce besoin cesse, le lien naturel se dissout. Les enfants, exempts de l'obéissance qu'ils devaient au père, le père, exempt des soins qu'il devait aux enfants, rentrent tous également dans l'indépendance. S'ils continuent de rester unis ce n'est plus naturellement, c'est volontairement, et la famille elle-même ne se maintient que par convention.

Cette liberté commune est une conséquence de la nature de l'homme. Sa première loi est de veiller à sa propre conservation, ses premiers soins sont ceux qu'il se doit à lui-même, et, sitôt qu'il est en âge de raison, lui seul étant juge des moyens propres à se conserver devient par là son propre maître[3].

La famille est donc si l'on veut le premier modèle des sociétés politiques : le chef est l'image du père, le peuple est l'image des enfants, et tous, étant nés égaux et libres, n'aliènent leur liberté que pour leur utilité. Toute la différence est que dans la famille l'amour du père pour ses enfants le paye des soins qu'il leur rend, et que dans l'État le plaisir de commander supplée à cet amour que le chef n'a pas pour ses peuples.

Grotius[4] nie que tout pouvoir humain soit établi en faveur de ceux qui sont gouvernés ! Il cite l'esclavage en exemple. Sa plus constante manière de raisonner est d'établir toujours le droit par le fait*. On pourrait employer une méthode plus conséquente, mais non plus favorable aux tyrans.

Il est donc douteux, selon Grotius, si le genre humain appartient à une centaine d'hommes, ou si cette centaine d'hommes appartient au genre humain, et il paraît dans tout son livre pencher pour le premier avis : c'est aussi le sentiment de Hobbes[5]. Ainsi voilà l'espèce humaine divisée en troupeaux de bétail, dont chacun a son chef, qui le garde pour le dévorer.

Comme un pâtre est d'une nature supérieure à celle de son troupeau, les pasteurs d'hommes, qui sont leurs

---

* « Les savantes recherches sur le droit public ne sont souvent que l'histoire des anciens abus ; et l'on s'est entêté mal à propos quand on s'est donné la peine de les trop étudier » (*Traité manuscrit des intérêts de la France avec ses voisins*, par M. le marquis d'Argenson). Voilà précisément ce qu'a fait Grotius.

chefs, sont aussi d'une nature supérieure à celle de leurs peuples. Ainsi raisonnait, au rapport de Philon, l'empereur Caligula ; concluant assez bien de cette analogie que les rois étaient des dieux, ou que les peuples étaient des bêtes.

Le raisonnement de ce Caligula revient à celui de Hobbes et de Grotius. Aristote avant eux tous avait dit aussi que les hommes ne sont point naturellement égaux, mais que les uns naissent pour l'esclavage et les autres pour la domination[6].

Aristote avait raison, mais il prenait l'effet pour la cause. Tout homme né dans l'esclavage naît pour l'esclavage, rien n'est plus certain. Les esclaves perdent tout dans leurs fers, jusqu'au désir d'en sortir : ils aiment leur servitude comme les compagnons d'Ulysse aimaient leur abrutissement*. S'il y a donc des esclaves par nature, c'est parce qu'il y a eu des esclaves contre nature. La force a fait les premiers esclaves, leur lâcheté les a perpétués.

Je n'ai rien dit du roi Adam, ni de l'empereur Noé père de trois grands monarques qui se partagèrent l'univers, comme firent les enfants de Saturne, qu'on a cru reconnaître en eux. J'espère qu'on me saura gré de cette modération ; car, descendant directement de l'un de ces princes, et peut-être de la branche aînée, que sais-je si par la vérification des titres je ne me trouverais point le légitime roi du genre humain ? Quoi qu'il en soit, on ne peut disconvenir qu'Adam n'ait été souverain du monde comme Robinson de son île, tant qu'il en fut le seul habitant, et ce qu'il y avait de commode dans cet empire était que le monarque assuré

---

* Voyez un petit traité de Plutarque, intitulé *Que les bêtes usent de raison*.

sur son trône n'avait à craindre ni rébellions ni guerres ni conspirateurs.

Chapitre III
DU DROIT DU PLUS FORT

Le plus fort n'est jamais assez fort pour être toujours le maître, s'il ne transforme sa force en droit et l'obéissance en devoir. De là le droit du plus fort ; droit pris ironiquement en apparence, et réellement établi en principe. Mais ne nous expliquera-t-on jamais ce mot ? La force est une puissance physique ; je ne vois point quelle moralité peut résulter de ses effets. Céder à la force est un acte de nécessité, non de volonté ; c'est tout au plus un acte de prudence. En quel sens pourra-ce être un devoir ?

Supposons un moment ce prétendu droit. Je dis qu'il n'en résulte qu'un galimatias inexplicable. Car sitôt que c'est la force qui fait le droit, l'effet change avec la cause ; toute force qui surmonte la première succède à son droit. Sitôt qu'on peut désobéir impunément on le peut légitimement, et puisque le plus fort a toujours raison, il ne s'agit que de faire en sorte qu'on soit le plus fort. Or qu'est-ce qu'un droit qui périt quand la force cesse ? S'il faut obéir par force on n'a pas besoin d'obéir par devoir, et si l'on n'est plus forcé d'obéir on n'y est plus obligé. On voit donc que ce mot de droit n'ajoute rien à la force ; il ne signifie ici rien du tout[7].

Obéissez aux puissances. Si cela veut dire : cédez à la force, le précepte est bon, mais superflu, je réponds qu'il ne sera jamais violé. Toute puissance vient de Dieu, je l'avoue ; mais toute maladie en vient aussi. Est-ce à dire qu'il soit défendu d'appeler le médecin ? Qu'un brigand me surprenne au coin d'un bois : non seulement il faut par force donner la bourse, mais, quand je pourrais la soustraire, suis-je en conscience obligé de la donner ? Car, enfin le pistolet qu'il tient est aussi une puissance.

Convenons donc que force ne fait pas droit, et qu'on n'est obligé d'obéir qu'aux puissances légitimes. Ainsi ma question primitive[8] revient toujours.

Chapitre IV
DE L'ESCLAVAGE

Puisque aucun homme n'a une autorité naturelle sur son semblable, et puisque la force ne produit aucun droit, restent donc les conventions pour base de toute autorité légitime parmi les hommes[9].

Si un particulier, dit Grotius, peut aliéner sa liberté et se rendre esclave d'un maître, pourquoi tout un peuple ne pourrait-il pas aliéner la sienne et se rendre sujet d'un roi ? Il y a là bien des mots équivoques qui auraient besoin d'explication, mais tenons-nous-en à celui d'*aliéner*. Aliéner c'est donner ou vendre. Or un homme qui se fait esclave d'un autre ne se donne pas, il se vend, tout au moins pour sa subsistance : mais un peuple, pour quoi se vend-il ? Bien loin qu'un roi fournisse à ses sujets leur subsistance, il ne tire la sienne que d'eux, et selon Rabelais un roi ne vit pas de peu. Les sujets donnent donc leur personne à condition qu'on prendra aussi leur bien ? Je ne vois pas ce qu'il leur reste à conserver.

On dira que le despote assure à ses sujets la tranquillité civile. Soit : mais qu'y gagnent-ils, si les guerres que son ambition leur attire, si son insatiable avidité, si les vexations de son ministère les désolent plus que ne feraient leurs dissensions? Qu'y gagnent-ils, si cette tranquillité même est une de leurs misères? On vit tranquille aussi dans les cachots; en est-ce assez pour s'y trouver bien? Les Grecs enfermés dans l'antre du Cyclope y vivaient tranquilles, en attendant que leur tour vînt d'être dévorés.

Dire qu'un homme se donne gratuitement, c'est dire une chose absurde et inconcevable; un tel acte est illégitime et nul, par cela seul que celui qui le fait n'est pas dans son bon sens. Dire la même chose de tout un peuple, c'est supposer un peuple de fous; la folie ne fait pas droit.

Quand chacun pourrait s'aliéner lui-même, il ne peut aliéner ses enfants; ils naissent hommes et libres; leur liberté leur appartient, nul n'a le droit d'en disposer qu'eux. Avant qu'ils soient en âge de raison le père peut en leur nom stipuler des conditions pour leur conservation, pour leur bien-être; mais non les donner irrévocablement et sans condition; car un tel don est contraire aux fins de la nature, et passe les droits de la paternité. Il faudrait donc, pour qu'un gouvernement arbitraire fût légitime, qu'à chaque génération le peuple fût le maître de l'admettre ou de le rejeter: mais alors ce gouvernement ne serait plus arbitraire.

Renoncer à sa liberté c'est renoncer à sa qualité d'homme, aux droits de l'humanité, même à ses devoirs[10]. Il n'y a nul dédommagement possible pour quiconque renonce à tout. Une telle renonciation est incompatible avec la nature de l'homme; et c'est ôter toute moralité à ses actions que d'ôter toute liberté à sa volonté. Enfin c'est une convention vaine et contradictoire de stipuler d'une part une autorité absolue et de l'autre une obéissance sans bornes. N'est-il pas clair qu'on n'est engagé à rien envers celui dont on a droit de tout exiger, et cette seule condition, sans équivalent, sans échange, n'entraîne-t-elle pas la nullité de l'acte? Car, quel droit mon esclave aurait-il contre moi, puisque tout ce qu'il a m'appartient et que, son droit étant le mien, ce droit de moi contre moi-même est un mot qui n'a aucun sens[11]?

Grotius et les autres tirent de la guerre une autre origine du prétendu droit d'esclavage. Le vainqueur ayant, selon eux, le droit de tuer le vaincu, celui-ci peut racheter sa vie aux dépens de sa liberté; convention d'autant plus légitime qu'elle tourne au profit de tous deux.

Mais il est clair que ce prétendu droit de tuer les vaincus ne résulte en aucune manière de l'état de guerre. Par cela seul que les hommes vivant dans leur primitive indépendance n'ont point entre eux de rapport assez constant pour constituer ni l'état de paix ni l'état de guerre, ils ne sont point naturellement ennemis. C'est le rapport des choses et non des hommes qui constitue la guerre, et l'état de guerre ne pouvant naître des simples relations personnelles, mais seulement des relations réelles, la guerre privée ou d'homme à homme ne peut exister ni dans l'état de nature où il n'y a point de propriété constante, ni dans l'état social où tout est sous l'autorité des lois.

Les combats particuliers, les duels, les rencontres sont des actes qui ne constituent point un état; et à l'égard des guerres privées, autorisées par les Établissements de Louis IX, roi de France, et suspendues par la paix de Dieu, ce sont des abus du gouvernement féodal, système absurde s'il en fut jamais, contraire aux principes du droit naturel et à toute bonne politie[12].

La guerre n'est donc point une relation d'homme à homme, mais une relation d'État à État, dans laquelle les particuliers ne sont ennemis qu'accidentellement, non point comme hommes ni même comme citoyens*, mais comme soldats ; non point comme membres de la patrie, mais comme ses défenseurs. Enfin chaque État ne peut avoir pour ennemis que d'autres États et non pas des hommes, attendu qu'entre choses de diverses natures on ne peut fixer aucun vrai rapport.

Ce principe est même conforme aux maximes établies de tous les temps et à la pratique constante de tous les peuples policés. Les déclarations de guerre sont moins des avertissements aux puissances qu'à leurs sujets. L'étranger, soit roi, soit particulier, soit peuple, qui vole, tue ou détient les sujets sans déclarer la guerre au prince, n'est pas un ennemi, c'est un brigand. Même en pleine guerre un prince juste s'empare bien en pays ennemi de tout ce qui appartient au public, mais il respecte la personne et les biens des particuliers, il respecte des droits sur lesquels sont fondés les siens. La fin de la guerre étant la destruction de l'État ennemi, on a le droit d'en tuer les défenseurs tant qu'ils ont les armes à la main ; mais sitôt qu'ils les posent et se rendent,

---

* Les Romains, qui ont mieux entendu et plus respecté le droit de la guerre qu'aucune nation du monde, portaient si loin le scrupule à cet égard, qu'il n'était pas permis à un citoyen de servir comme volontaire, sans s'être engagé expressément contre l'ennemi, et nommément contre tel ennemi. Une légion où Caton le fils faisait ses premières armes sous Popilius ayant été réformée, Caton le père écrivit à Popilius que s'il voulait bien que son fils continuât de servir sous lui, il fallait lui faire prêter un nouveau serment militaire, parce que, le premier étant annulé, il ne pouvait plus porter les armes contre l'ennemi. Et le même Caton écrivit à son fils de se bien garder de se présenter au combat qu'il n'eût prêté ce nouveau serment. Je sais qu'on pourra m'opposer le siège de Clusium et d'autres faits particuliers ; mais moi je cite des lois, des usages. Les Romains sont ceux qui ont le moins souvent transgressé leurs lois ; et ils sont les seuls qui en aient eu d'aussi belles. *(Note de Rousseau a l'édition de 1782.)*

cessant d'être ennemis ou instruments de l'ennemi, ils redeviennent simplement hommes et l'on n'a plus de droit sur leur vie. Quelquefois on peut tuer l'État sans tuer un seul de ses membres. Or la guerre ne donne aucun droit qui ne soit nécessaire à sa fin. Ces principes ne sont pas ceux de Grotius ; ils ne sont pas fondés sur des autorités de poètes, mais ils dérivent de la nature des choses, et sont fondés sur la raison.

À l'égard du droit de conquête, il n'a d'autre fondement que la loi du plus fort. Si la guerre ne donne point au vainqueur le droit de massacrer les peuples vaincus, ce droit qu'il n'a pas ne peut fonder celui de les asservir. On n'a le droit de tuer l'ennemi que quand on ne peut le faire esclave ; le droit de le faire esclave ne vient donc pas du droit de le tuer. C'est donc un échange inique de lui faire acheter au prix de sa liberté sa vie sur laquelle on n'a aucun droit. En établissant le droit de vie et de mort sur le droit d'esclavage, et le droit d'esclavage sur le droit de vie et de mort, n'est-il pas clair qu'on tombe dans le cercle vicieux ?

En supposant même ce terrible droit de tout tuer, je dis qu'un esclave fait à la guerre ou un peuple conquis n'est tenu à rien du tout envers son maître, qu'à lui obéir autant qu'il y est forcé. En prenant un équivalent à sa vie, le vainqueur ne lui en a point fait grâce : au lieu de le tuer sans fruit, il l'a tué utilement. Loin donc qu'il ait acquis sur lui nulle autorité jointe à la force, l'état de guerre subsiste entre eux comme auparavant, leur relation même en est l'effet, et l'usage du droit de la guerre ne suppose aucun traité de paix. Ils ont fait une convention ; soit, mais cette convention, loin de détruire l'état de guerre, en suppose la continuité.

Ainsi, de quelque sens qu'on envisage les choses, le droit d'esclavage est nul, non seulement parce qu'il est illégitime, mais parce qu'il est absurde et ne signifie rien. Ces mots, *esclavage*, et *droit*, sont contradictoires ; ils s'excluent mutuellement. Soit d'un homme à un homme, soit d'un homme à un peuple, ce discours sera toujours également insensé[13]. *Je fais avec toi une convention toute à ta charge et toute à mon profit, que j'observerai tant qu'il me plaira et que tu observeras tant qu'il me plaira.*

Chapitre V[14]
QU'IL FAUT TOUJOURS REMONTER
À UNE PREMIÈRE CONVENTION

Quand j'accorderais tout ce que j'ai réfuté jusqu'ici, les fauteurs du despotisme n'en seraient pas plus avancés. Il y aura toujours une grande différence entre soumettre une multitude et régir une société. Que des hommes épars soient successivement asservis à un seul, en quelque nombre qu'ils puissent être, je ne vois là qu'un maître et des esclaves, je n'y vois point un peuple et son chef : c'est si l'on veut une agrégation, mais non pas une association ; il n'y a là ni bien public ni corps politique. Cet homme, eût-il asservi la moitié du monde, n'est toujours qu'un particulier ; son intérêt, séparé de celui des autres, n'est toujours qu'un intérêt privé. Si ce même homme vient à périr, son empire après lui reste épars et sans liaison, comme un chêne se dissout et tombe en un tas de cendres, après que le feu l'a consumé.

Un peuple, dit Grotius, peut se donner à un roi. Selon Grotius un peuple est donc un peuple avant de se donner à un roi. Ce don même est un acte civil, il suppose une délibération publique. Avant donc que d'examiner l'acte par lequel un peuple élit un roi, il serait bon d'examiner l'acte par lequel un peuple est un peuple. Car cet acte étant nécessairement antérieur à l'autre est le vrai fondement de la société.

En effet, s'il n'y avait point de convention antérieure, où serait, à moins que l'élection ne fût unanime, l'obligation pour le petit nombre de se soumettre au choix du grand, et d'où cent qui veulent un maître ont-ils le droit de voter pour dix qui n'en veulent point ? La loi de la pluralité des suffrages est elle-même un établissement de convention, et suppose au moins une fois l'unanimité.

Chapitre VI
DU PACTE SOCIAL

Je suppose les hommes parvenus à ce point où les obstacles qui nuisent à leur conservation dans l'état de nature l'emportent par leur résistance sur les forces que chaque individu peut employer pour se maintenir dans cet état. Alors cet état primitif ne peut plus subsister, et le genre humain périrait s'il ne changeait sa manière d'être.

Or comme les hommes ne peuvent engendrer de nouvelles forces, mais seulement unir et diriger celles qui existent, ils n'ont plus d'autre moyen, pour se conserver, que de former par agrégation une somme de forces qui puisse l'emporter sur la résistance, de les mettre en jeu par un seul mobile et de les faire agir de concert.

Cette somme de forces ne peut naître que du concours de plusieurs ; mais la force et la liberté de chaque homme étant les premiers instruments de sa conservation, comment les engagera-t-il sans se nuire, et sans négliger les soins qu'il se doit ? Cette difficulté ramenée à mon sujet peut s'énoncer en ces termes :

« Trouver une forme d'association qui défende et protège de toute la force commune la personne et les